100
満点ゲットシリーズ
せいかつプラス
ちびまる子ちゃんの
ラク
強法
国語辞典
国語辞典
キャラクター原作／さくらももこ
監修／沼田晶弘
東京学芸大学附属
世田谷小学校教諭

ちびまる子ちゃんの

ラクラク勉強法

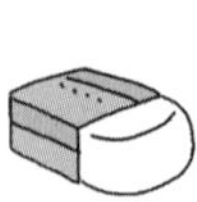

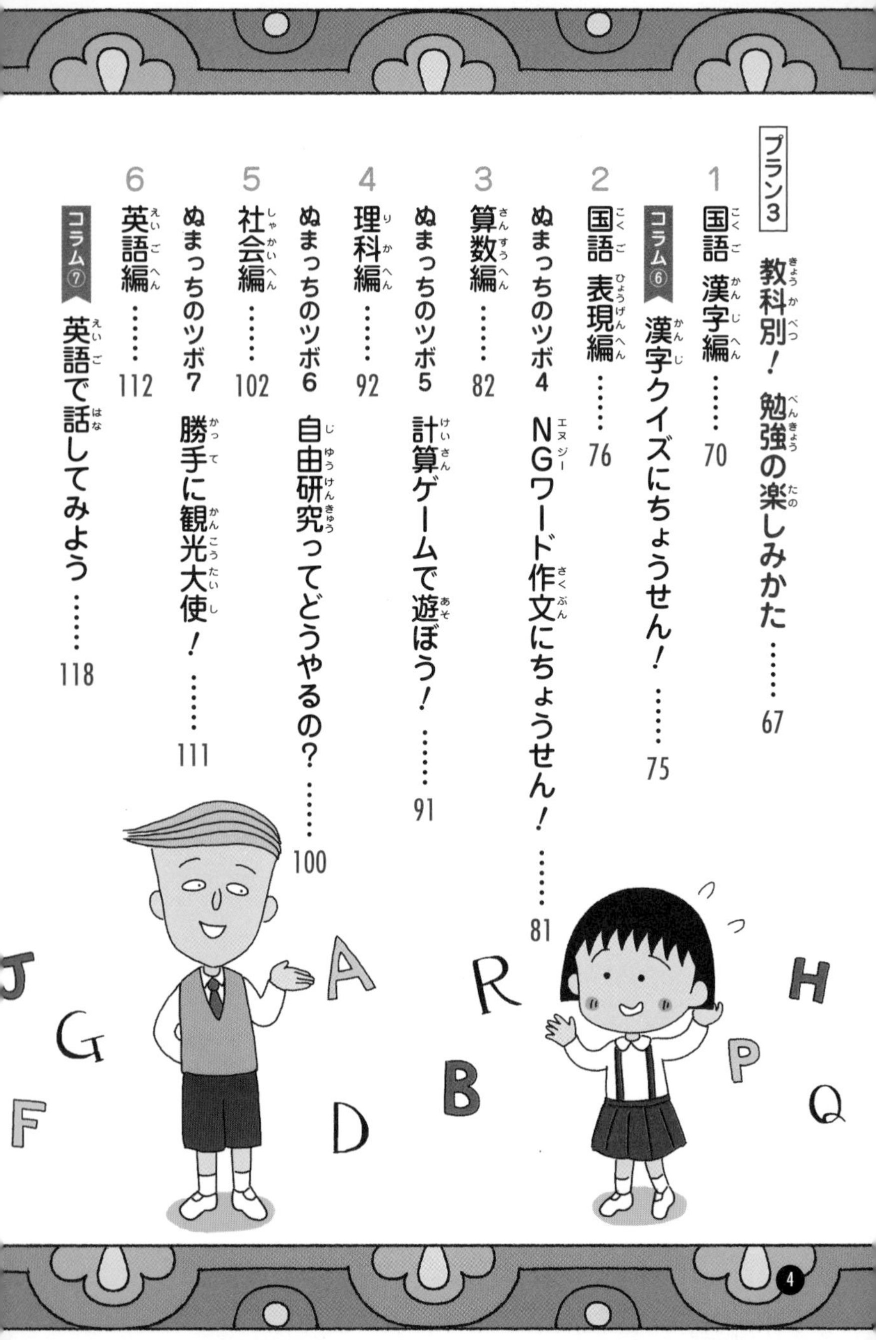

100

ちびまる子ちゃんと
なかまたち
たまちゃん
まる子の親友。
ちびまる子ちゃん
おっちょこちょいで
なまけもの。
お母さん
まる子の
世話をやく。
おばあちゃん
友蔵のつま。
お姉ちゃん
まる子にめいわくを
かけられることが多い。
父(ヒロシ)
のんきもの。
おじいちゃん
(友蔵)
まる子のいちばんの
味方でなかよし。
永沢くん
暗い。
藤木くん
ひきょうものと
いわれる。
山根くん
胃腸が弱い。
丸尾くん
「ズバリ」が口ぐせ。

戸川先生
クラスの担任
の先生。
小杉
食いしんぼう。
長山くん
かしこくて
やさしい男の子。
山田くん
明るい男子。
ブー太郎
「ブー」というのが口ぐせ。
はまじ
おもしろい男子。
城ヶ崎さん
美人で勝気
な女の子。
とし子ちゃん
まる子となかよし。
前田さん
短気でいばっている。
ケンタ
サッカーが好き。
野口さん
お笑い好きな
暗い少女。
佐々木のじいさん
30年間、町の木の世話
をしている。
ヒデじい
花輪クンの
世話係。
花輪クン
お金持ちの
おぼっちゃま。
みぎわさん
花輪クンにお熱。

監修ぬまっちからのメッセージ

勉強は楽しいって、知ってた？

みんな、勉強、楽しんでる？

「ぬまっち、なにいってるの？　勉強が楽しいわけないじゃん！」って思った、そこのきみ。勉強って、本当は、とっても楽しいものなんだよ。

どうして、勉強っていやだなあ、めんどうだなあって思うことが多いんだろう。先生やおうちの人に「ちゃんとやりなさい！」っていわれるからかな。人からいわれると、やりたくなくなるんだよね。ぼくもそうだったから、その気持ちはよーくわかる。

でも、たとえば好きなアニメや、ゲームのことだったらどうだろう。自分の好きなことなら、夢中になって、いろんなことを知りたい、おぼえたいって思うんじゃないかな。

そういう心のことを「知的好奇心」というんだけど、この知的好奇心こそが、学びにはとっても大切なものなんだ。本来「学び」というのは、自分からどんどんやりたくなるものなんだよ。

この本で伝えたいのは、「好きなことを見つけて、それをきわめていくことが、真の学び」だってこと。どんなことでもかまわない、自分が夢中になれるものを見つけて、どんどん調べたり、まとめたりしてみよう。そうしていくうちに、きっときみも、勉強の楽しさに気づくはずだよ。

もちろん、勉強の中には、地味でめんどうなものもある。そういうときは、勉強をゲームやクイズにして、楽しいものに変えちゃおう！　この本には、そんな「勉強を楽しくするコツ」がたくさん入っているよ。楽しく学んで、それが将来の自分のために役に立つなら、いちばんいいよね。

さあ、きょうからきみも、勉強を楽しもう！

〈監修〉東京学芸大学附属 世田谷小学校教諭

沼田晶弘先生（ぬまっち）

1975年、東京都生まれ。東京学芸大学教育学部卒業後、アメリカのボールステイト大学大学院でスポーツ経営学を修了。同大学職員などを経て、2006年から現職。児童の自主性・自立性を引き出す斬新でユニークな授業が数多くのテレビや新聞、雑誌などに取り上げられている。学校図書「生活科」教科書著者。著書に『one and only 自分史上最高になる』（東洋館出版社）、監修に、満点ゲットシリーズせいかつプラス ちびまる子ちゃんの『整理整とん』『マナーとルール』『時間の使いかた』（すべて集英社）など多数。

プロローグ
なんで勉強しないといけないの？

きょうは授業参観の日

じゃあ
○○さん
はい
ほ…

きょうの授業参観で
たまちゃんのお母さんから
聞いたんだけど

あの子ったら
……

きのう
社会と理科の
テストが
返された
んだってね
ギクッ
あっ

お母さん
見せて
もらって
ないけど?
あ――
えーっと
そうだった?

ぐちゃぐちゃ〜
りぼん
55
30

こ…
これは…
30点…
55点…

まる子…
あんた
苦手なのは
算数だけ
じゃないの？

だ…
大丈夫だよ
ちゃんと
将来の計画は
立ててある
からさ

将来の
計画？

まる子
これから
人柄をみがいて
ものしりで親切な
友だちを
いーっぱい作る
ことにするよ

わからないことは
全部その人たちに
聞けばいいのさ
勉強が苦手な
まる子がむりして
がんばるより
その方がてっとり
早いでしょ？

な…
なるほど…
ほ

ハッ　いやいや
なに
いってんだ
そんな
人まかせのヤツが
よい人柄なもんか！

どんなに親切な
友だちだって
おまえのかわりに
テストを受けちゃ
くれねえしよ
入学試験
運転免許
入社試験
資格を取る

世の中には知っていればトクすることもあるんじゃよ
計算できればおつりをまちがえられてもすぐ気づくよ
そ…そうだね

不思議じゃ
う〜む…
え？

ここにいるみんなを思わずうならせるようなアイディアを思いつく
かしこいまる子がどうして勉強は苦手なのかのう？

え…？
たしかに自分が楽をするためならびっくりするほど知恵がまわるもんね

まる子は 今はまだ
勉強の大切さや
おもしろさに
気づいていないだけ
やりかたを知らない
だけだと思うわ

勉強のやりかた？

そうさ なんだって
コツをつかめば
ラクラクと楽しく
こなせるようになるもんだ

100
100
はい
パァァ….
へー
ラクラクね…

今 やりかたを
身につけておけば
この先ずっと
役に立つわよね
夢をかなえる方法も
見つけやすく
なるんじゃない？

勉強する

調べる力・考える力がつく

目標に近づく方法も見つけやすくなる

やりたいことを実現できる

プラン①
やる気(き)のツボをおしちゃおう
BEFORE
PUSH!
AFTER

❶ なりたい自分をイメージしよう

まずは
あんなふうに
なれたらいいな
っていう
お手本を見つけて
みたら？

というわけでさ
お手本になる人を
見つけようと
思うんだ

なるほど

お笑い界に新しいスターがたんじょうしたよ
クックックッ…
野口さんはお笑いにかんしてはだれよりもくわしいし
おわらいノート

なあビーフストロガノフって食ったことあるか?
小杉は食べもののことは よく知ってるよね

好きなことだからくわしくなれるんだね
ひとつのことをきわめられるのもすごいことだよね

みなさん

次の学級委員選挙も ぜひ この丸尾に
満点連発の 丸尾末男に 清き一票を！
これも ある意味 ひとつのことを きわめていると いえるかな…
う…うん

探検家といえば コロンブスだね
コロンブスが 本当はどこを めざしていたか 知ってる？

長山くんと 花輪クン

地球は丸いと信じて インドをめざして 大西洋を西へ 向かったんだ
そうしたら アメリカ大陸に ついたんだね

へえー
おもしろいね！
長山くんと花輪クンって
勉強が好きそうだよね

あのふたりが
大人になったら

ペラ
ペラ
好きなことを
いかして
はたらける
かっこいい
大人になりそう

うん
本当にそんな
感じがするね
決めた！ まる子
あのふたりから
勉強のやりかたを
教わることにするよ

宿題は？

とっくにおわってるよ

This is Mt. Fuji.
（これは富士山です）

OH!

それで勉強のコツを楽に身につけてかっこいい大人になるんだ

②「できている人」はどうしてる？

あ
天体望遠鏡だ！
ガリレオの
伝記を読んで
自分の目で
たしかめたく
なったんだ

ニュー
エジソン
ガリレオ
キュリー夫人
野口英世
ファーブル
伝記や図鑑が
たくさんあるね

ん？

この ねんどの
おだんごみたいな
ものはなに？

これは
ウミガメの卵
の模型
かたまって
いるのは
ニシキヘビの
卵の模型だよ
へー！
ヘビの卵!?

ぼくは 今
卵に夢中なんだ

※ウミガラス（海鳥の一種）の卵…がけの上でも転がらないようにとがっているよ。 ※ワニの卵…アリゲーター科の卵は草や葉で作った巣から転がりおちないようザラザラしており、クロコダイル科の卵は砂地に産むためツルツルだよ。

発見！長山くんの勉強が得意な理由

❶つくえのまわりが整とんされている

ゴチャ
ゴチャ
まんが
教科書　どこに
置いたっけ？
スッキリ
漢字辞典
国語辞典
国語
算数
ノート
どこになにが
あるか　すぐ
わかるので
使いやすいよ

❷宿題をする時間が決まっている

宿題はいつも夕飯の前にやることにしているよ

先のばしにするとめんどうくさくなっちゃうから

宿題はやったの？

このドラマ見おわったらやるよ

ダラダラ

❸わからないことはすぐ調べるクセがついている

わからないことばがあったら辞書で調べるよ

算数

国語

漢字辞典

国語辞典

読めない漢字があるから読むのやめよ

幕府？

収縮？

パタン

❹知ることを楽しんでいる

ぬまっちのツボ①

“めんどうくさいモンスター”をたおせ!

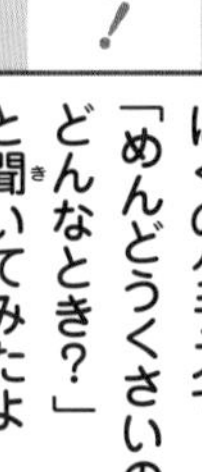

“めんどうくさいモンスター”があらわれるのは?

- ◎宿題をやるとき
- ◎「これやりなさい!」といわれたとき
- ◎つかれているとき
- ◎苦手なことをするとき
- ◎お手伝いをたのまれたとき
- ◎ねむいのに起きなきゃいけないとき

“めんどうくさいモンスター”が顔を出すのはどうやら次のふたつのときみたいだね。

原因がわかれば対策が立てられそうだね。モンスターも思わずにげだすやる気ワザをこれからしょうかいしていくよ!

コラム1

タイプ別おすすめ伝記

“なりたい自分”は伝記からもさがせるよ!

伝記ってどうやってえらんだらいいの?

図書館でたずねたり書店で目録を見てもいいね

ためになるのはわかるけど りっぱな人の話はかたくるしそうで…

偉人とよばれる人にも失敗エピソードはたくさんあるんだよ

エジソン

白熱電球や、ちく音機などをつぎつぎに発明した世界の発明王。

先生を質問ぜめにして、学校を3か月で追い出された!

アインシュタイン

「相対性理論」を発表して物理学の常識をくつがえした天才科学者。

子どものころは勉強が苦手。友だちにからかわれていた。

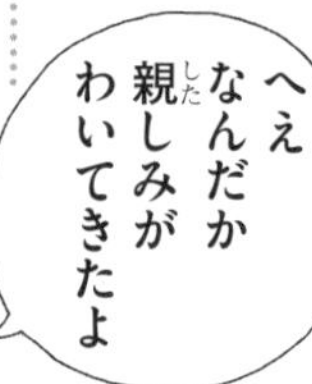

オレみたいなお調子者からえらくなった人の話が読みたい！

豊臣秀吉

とよとみひでよし

機転がきき、まわりを楽しませながら、奇想天外な作戦を実行し、戦国の世をおわらせた。

幸せな結婚をして 仕事でも成功した女性の伝記が読みたいわ♡

マリー・キュリー

夫と協力して新しい元素「ラジウム」を発見し、科学の発展にこうけんした。

わたしと年が近い女の子の話はあるかなあ？

アンネ・フランク

戦争中のたいへんな環境でも希望を失わなかった『アンネの日記』の著者。

昔の人だけでなく最近の偉人も知りたいのです！

安藤百福

あんどうももふく

インスタントラーメンを発明し、世界の食を変えた実業家。

※このページでしょうかいした伝記… すべて集英社版・学習まんが『世界の伝記』『世界の伝記NEXT』『日本の伝記SENGOKU』より。

③ 勉強するのはなんのため?

遊ぶように勉強
してるなんて
さすが長山くん
だね

走りこみをしたりパスやドリブルを練習したりするのは
なかなか根気がいるというか…

そっかー でもケンタは試合に出るって目標があるから地道な練習もがんばれるだろうけど
勉強はさあ…

勉強するとどんないいことがあるのか?それがわかればもっとやる気が出るんじゃないかな?
そうかも!

お…
わかりました

せ…先生
おもしろそうな話をしていますね

では なんのために勉強するのか今から みんなで考えてみましょう

勉強すると、こんなことができるようになる！

国語

作文を書いたり発表したりすることで、自分の考えや気持ちを伝えられるようになる。

漢字やことばを知ることで、本や新聞が読みこなせ、自分の世界を広げられる。

算数

いちいち数えたり、はかったりしなくても、式を立てて数や大きさをつかむことができる。

※分数の通分は4年生で勉強するよ

理科
自然のしくみを学ぶことで、地球や生き物のために
どうすればよいか考えることができる。
地面の水が太陽の熱であたためられて雲になり雨になってまたもどってくる
自然のしくみってよくできてるよね
社会
地域や国の特色を知ることで、
よその土地にくらしている人
への理解が深まる。
毎日のくらしが
どんなしくみで
なりたっているのか
わかるようになる。
歴史を知ることで、
昔の人の経験や失敗から
学ぶことができる。
平和で豊かなくらしのためにどうしたらいいのか歴史から学べることはたくさんあるのです！
青果市場
スーパー

英語　さまざまな国の人とコミュニケーションをとり、いろいろな文化や考えかたを知ることができる。

勉強で身につくのは知識だけじゃない！

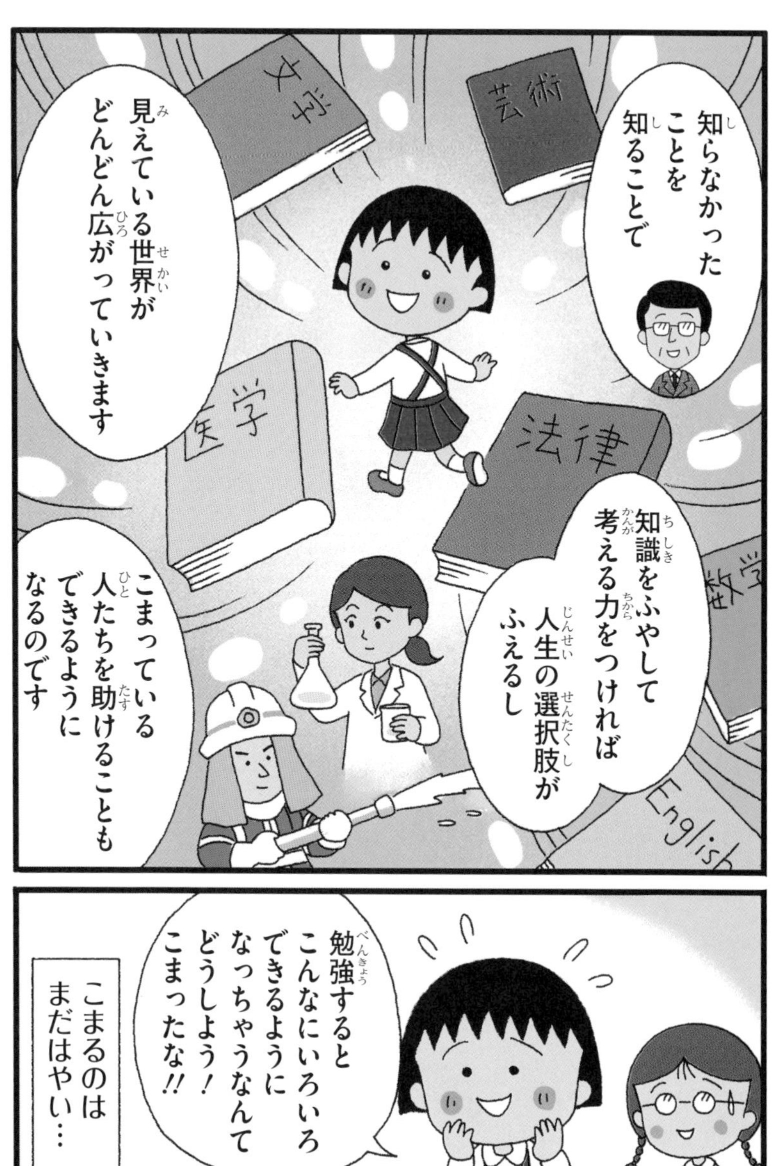
知らなかったことを知ることで
見えている世界がどんどん広がっていきます
芸術
文学
医学
法律
知識をふやして考える力をつければ人生の選択肢がふえるし
数学
English
こまっている人たちを助けることもできるようになるのです
勉強するとこんなにいろいろできるようになっちゃうなんてどうしよう！こまったな!!
こまるのはまだはやい…

ぬまっちのツボ②
AI時代に求められるものは？

AI（人工知能）＝人工的に作られた高度な知能

自分で考えながら動いてくれるAI！
だけどAIにもできないことはあるよ

AIができないこと

未来へつながるチャレンジ課題を見つけたり、データが存在しない問題を解決したりすることはできない。

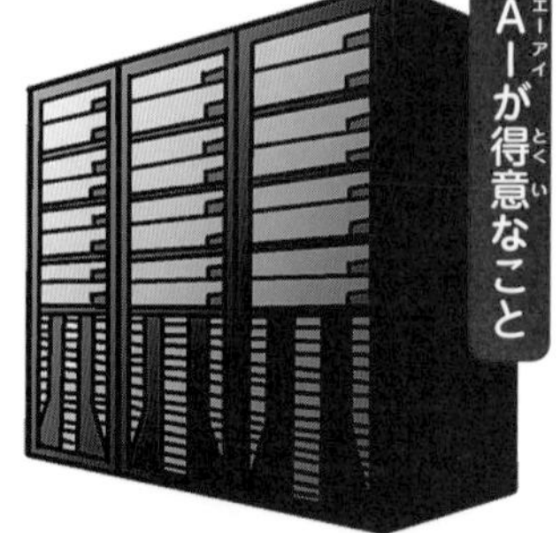

AIが得意なこと

過去の大量のデータを記おく、分析して、あっというまにこたえを見つける。

みんなが大人になるころには、もっとAIが活やくしているはず！

AI時代を生きるきみたちには、学校で習って理解したことに、自分自身の意見をつけたし、未来をつくる力が求められているんだ！

プラン❷
これでたちまち勉強モード

❶ 勉強スペースをかっこよくしよう

勉強の大切さも
わかったし
今からがんばって
宿題をやるからね！

なにをするにも
「まずは形から整えよ」じゃよ

勉強する場所がスッキリ整っていれば
心の方もおのずと勉強する気持ちになるということさ

そっかあだけど ちらかりすぎてて なにから手をつければ……
長山くんみたいにかっこいいつくえにするにはどうしたらいいの!?

必要なステップは①整理②整とん③片づけ④そうじの４つじゃよ！

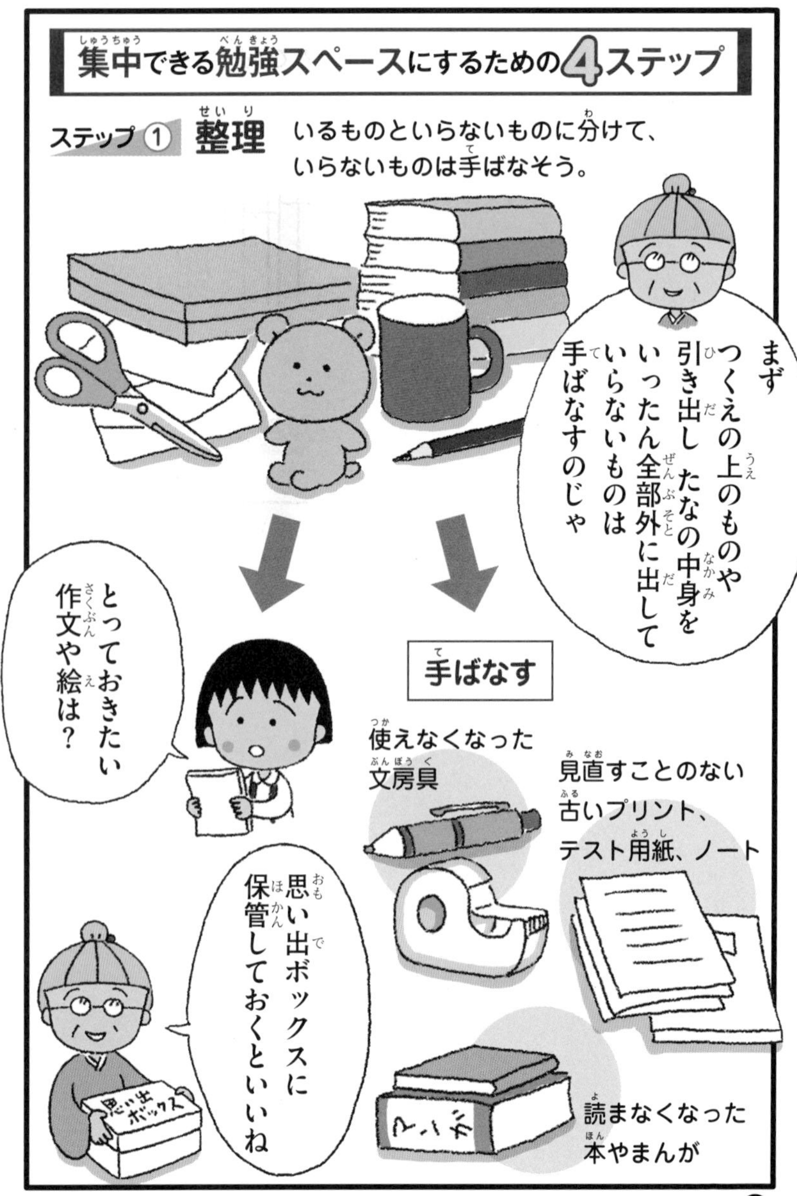
集中できる勉強スペースにするための4ステップ
ステップ① 整理 いるものといらないものに分けて、いらないものは手ばなそう。
まず つくえの上のものや 引き出し たなの中身を いったん全部外に出して いらないものは 手ばなすのじゃ
とっておきたい 作文や絵は？
手ばなす
使えなくなった 文房具
見直すことのない 古いプリント、テスト用紙、ノート
思い出ボックスに 保管しておくといいね
思い出 ボックス
読まなくなった 本やまんが

※整理整とんのコツをくわしく知りたい人は『ちびまる子ちゃんの整理整とん』を読んでね！

ステップ③ 片づけ どんどんふえていくものが
ちらからない「しくみ」を作ろう。

たまっていくプリントやテストは教科別にファイルに整理するといいよ

長山くんもそうしていたよ！

国
算
かんじテスト
けいさん

ステップ④ そうじ 消しゴムかすなどのよごれは
こまめにそうじしよう。

よごれやほこりをぞうきんでふきとればさっぱりするよ

これなら
すぐに勉強に
とりかかれるね！
おや まる子
ちょっと いすから
どいてごらん

いすの位置を
少し下げてみよう
これで
どうじゃ

高さがちょうど
よくなったよ
おばあちゃん！
いつの間にか
背がのびて
いたんだねえ

きれいにしたから
スタンドも新しいの
買ってもらおうかな

調子に
乗るんじゃ
ないの
わたしの方が
古いんだから
買うなら
わたしが
先だよっ
あんたたち…
どっちにも買わないよ

しせい、えんぴつの持ちかた、明かり

しせい

つくえと体、体といすの間は、にぎりこぶしひとつ分あけよう。

背中はピンとのばそう。

つくえといすの高さはあっているかな？

ゆかに足のうらをピタッとつけよう。

えんぴつの持ちかた

えんぴつを60度くらいかたむけよう。

人さし指とおや指ではさみ、中指をそえよう。

えんぴつの先から2.5cmくらい上を持とう。

くすり指と小指は中指にそえて軽くまげよう。

明かり

ライトはつくえの中央か、きき手の反対側に。（きき手側に置くと、かげができてしまうよ）

まぶしすぎないか、チカチカしていないか、チェックしよう。

光が直接目に入らないよう、手もとを照らす位置に調節しよう。

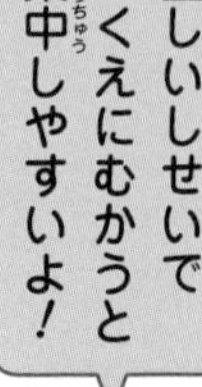

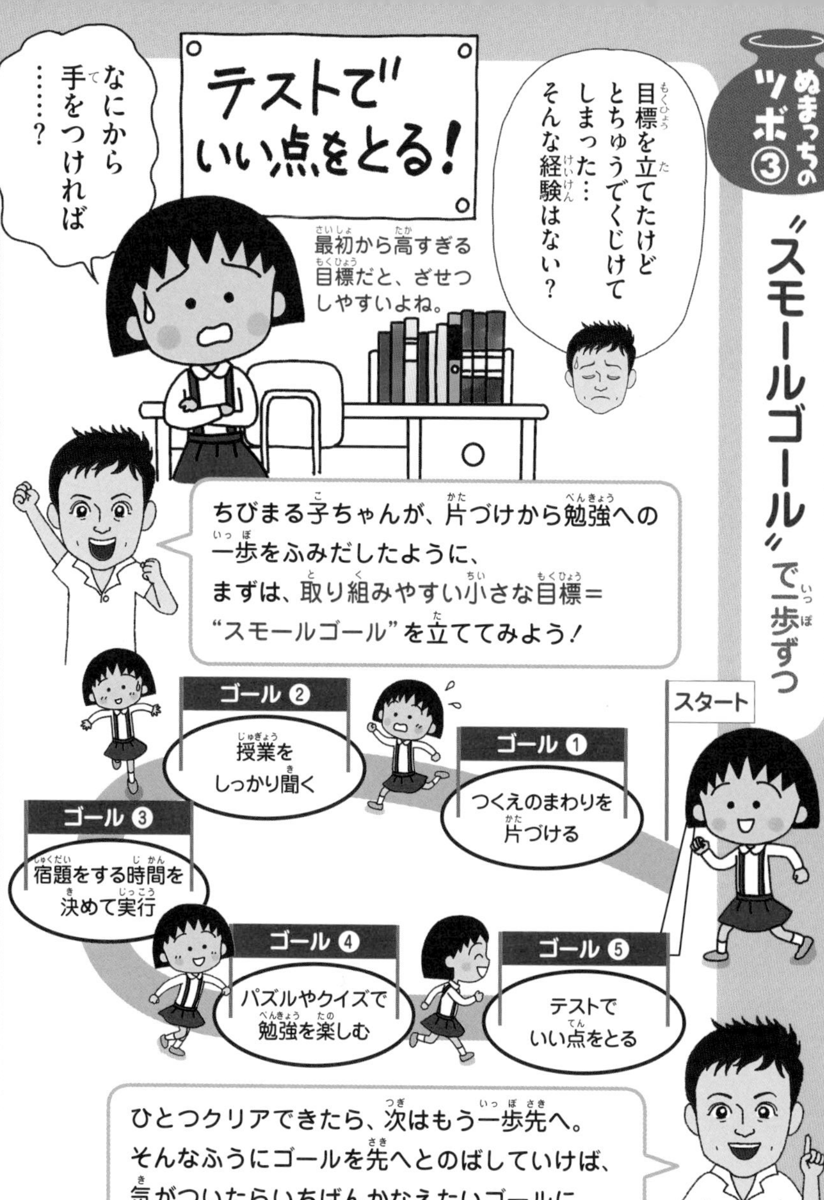
ぬまっちのツボ③
“スモールゴール”で一歩ずつ
目標を立てたけどとちゅうでくじけてしまった…そんな経験はない？
テストでいい点をとる！
なにから手をつければ……？
最初から高すぎる目標だと、ざせつしやすいよね。
ちびまる子ちゃんが、片づけから勉強への一歩をふみだしたように、まずは、取り組みやすい小さな目標＝“スモールゴール”を立ててみよう！
スタート
ゴール①
つくえのまわりを片づける
ゴール②
授業をしっかり聞く
ゴール③
宿題をする時間を決めて実行
ゴール④
パズルやクイズで勉強を楽しむ
ゴール⑤
テストでいい点をとる
ひとつクリアできたら、次はもう一歩先へ。そんなふうにゴールを先へとのばしていけば、気がついたらいちばんかなえたいゴールにたどりつけているかもしれないね！

❷ 授業たいどを見直そう

学校のつくえ、ロッカー、ランドセルも整理整とん

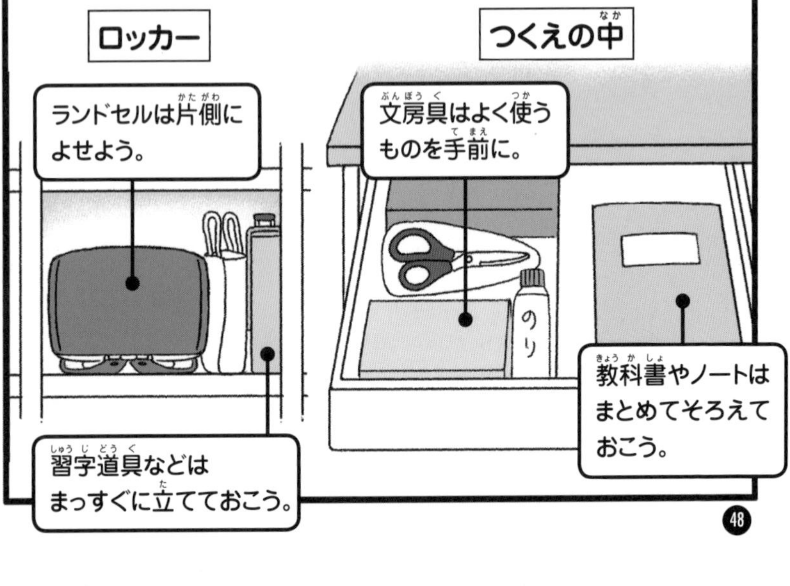

ロッカー

ランドセルは片側によせよう。

習字道具などはまっすぐに立てておこう。

つくえの中

文房具はよく使うものを手前に。

のり

教科書やノートはまとめてそろえておこう。

ランドセル
プリント類はファイルに入れて折れないように。
ハンカチやティッシュなど小物はポケットに。
教科書やノートは大きさをそろえ、大きいものは背中側へ。
さくらのいうとおり整理整とんをしたらなんか気持ちがシャキッとしたな
勉強するぞ！ってやる気がもりもりわいてきたブー
そうだよ なにをするにも「まずは形から整えよ」だからね！
目につくところだけきれいによそおっても中身はどうかな……
どういう意味だい？
………

きみたち そのきれいに見せかけた筆箱の中身をここに広げて見せてごらんよ
?

バサッ
ホームラン
ヒット

こ…これは休み時間に遊ぶための…

さっき 授業中にきみがこれを転がしてこたえをえらんだり
消しゴムでプロレスごっこをしていたのを見たけどね…

あっ
あ…

学校で使う文房具のえらびかた

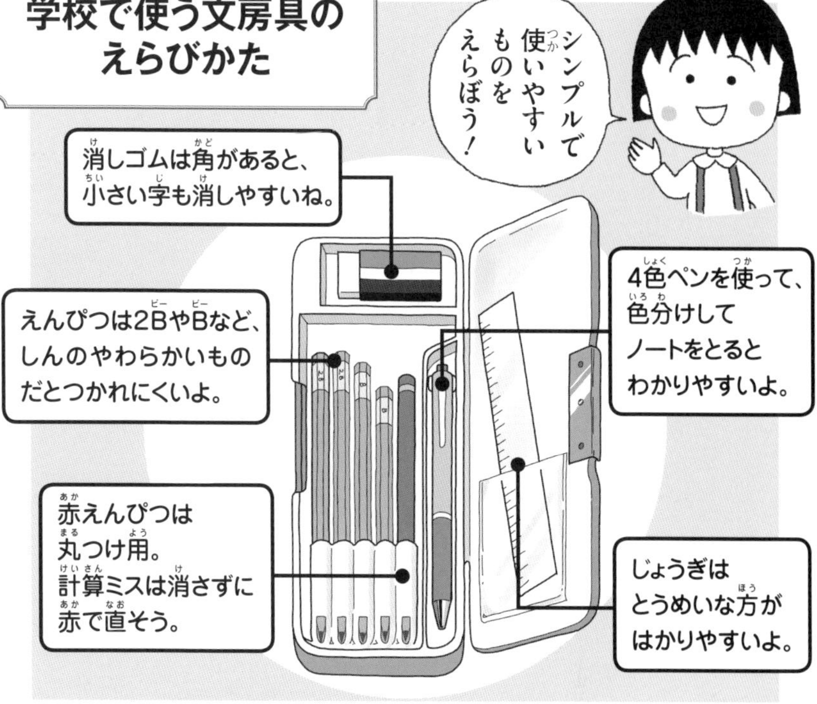

シンプルで使いやすいものをえらぼう!

消しゴムは角があると、小さい字も消しやすいね。

えんぴつは2BやBなど、しんのやわらかいものだとつかれにくいよ。

赤えんぴつは丸つけ用。計算ミスは消さずに赤で直そう。

4色ペンを使って、色分けしてノートをとるとわかりやすいよ。

じょうぎはとうめいな方がはかりやすいよ。

キーンコーン♪

ではこれで授業をおわります

整理整とんができたのはいいけど授業中ってどうしてもねむくなるよね

授業中 気がちったり ねむくなったりしない方法ないかな?

先生にインタビューするつもりで授業に参加しよう

①事前に学習内容を調べておく

授業の前に
前回のノートを
見直したり、
教科書のこれから
やるところに
ざっと目を
通したりしよう。

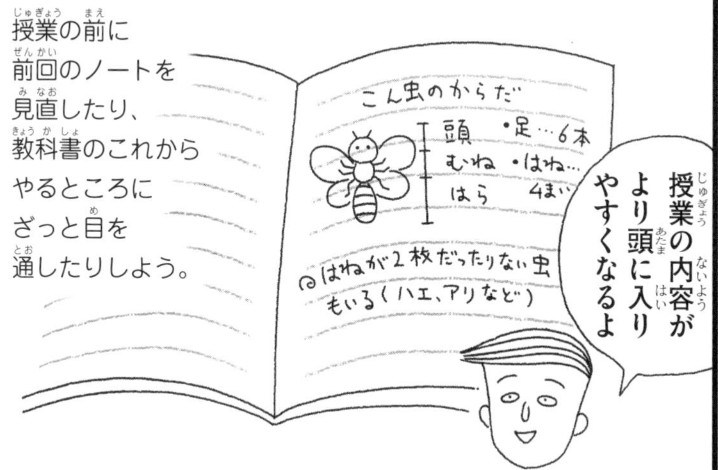

②「真剣に聞いていますサイン」を出しながら聞く

先生の目を見つめ、あいづちを打ってみよう。
先生も「聞いているな」とうれしくなるし、
わからないときは説明してくれるよ。

③話を聞きながらメモをとる
なるほどな、と思ったこと
あとで読みかえしたときに
★くもは足が8本でこん虫ではない。
★世界で一番大きなこん虫はがのヘラクレスサン(はねを広げると30cm)
授業の内容が思い出しやすくなるよ
おもしろかったこと
④わからないことは質問する
友だちやおうちの人に
なるほど
授業中や授業のあとに
「その日の疑問はその日のうちに解決」が鉄則さ

先生にインタビューかあ
すごくわかりやすい
たとえだね
こうすれば
授業中に
落書きしたり
いねむりしたり
しなくなるね
これなら
オイラにも
できそう
だじょ～

授業中
先生～

はい
なんですか？
山田くん

それのこたえを
教えて
ほしいじょ～

…それは自分で
考えないと
いけませんね
そっか～
アハハハ
なんか
山田って
すごいね…
うん…

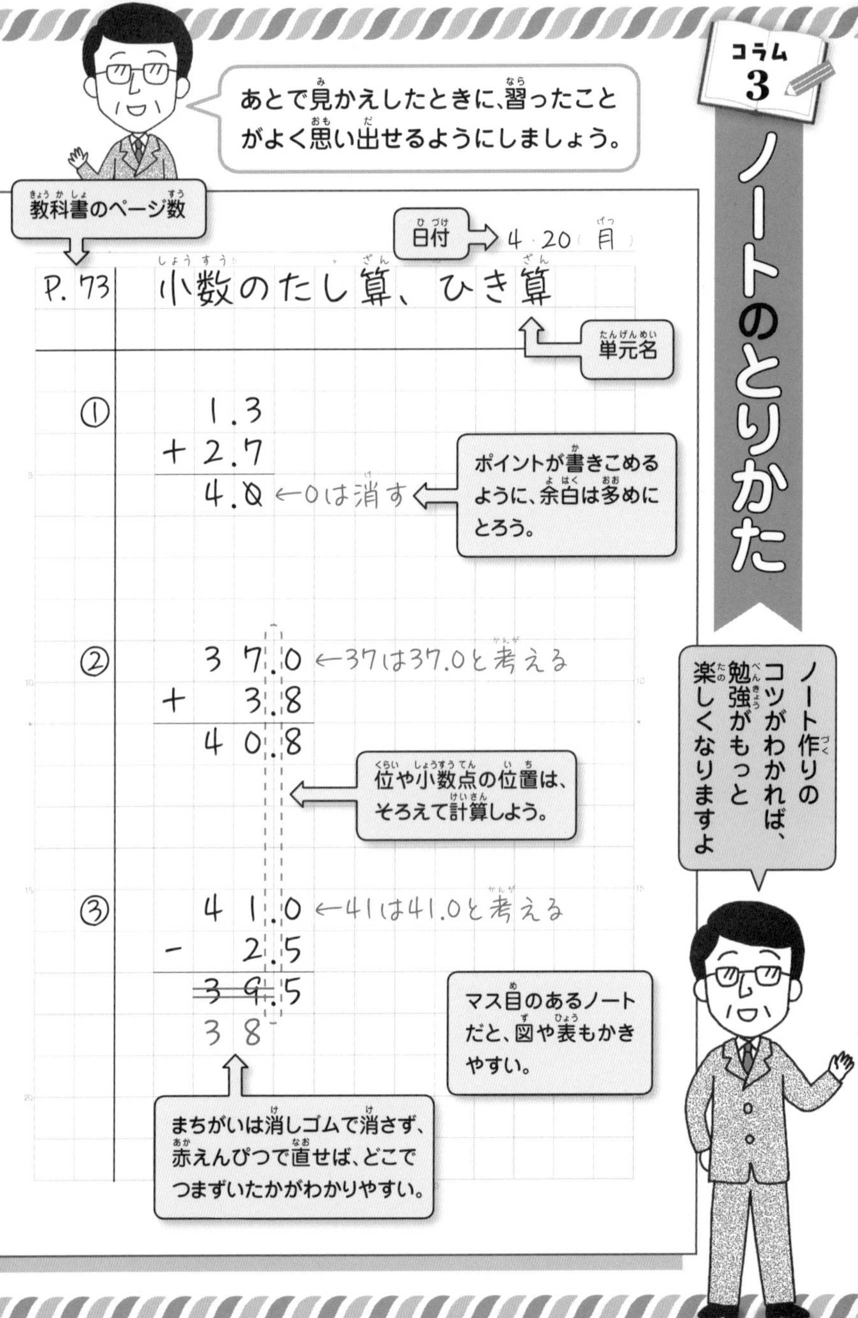
コラム
3
ノートのとりかた
あとで見かえしたときに、習ったことがよく思い出せるようにしましょう。
教科書のページ数
日付
4.20(月)
P.73
小数のたし算、ひき算
単元名
①
1.3
+2.7
4.0 ←0は消す
ポイントが書きこめるように、余白は多めにとろう。
②
37.0 ←37は37.0と考える
+ 3.8
40.8
位や小数点の位置は、そろえて計算しよう。
③
41.0 ←41は41.0と考える
- 2.5
39.5
38
まちがいは消しゴムで消さず、赤えんぴつで直せば、どこでつまずいたかがわかりやすい。
マス目のあるノートだと、図や表もかきやすい。
ノート作りのコツがわかれば、勉強がもっと楽しくなりますよ

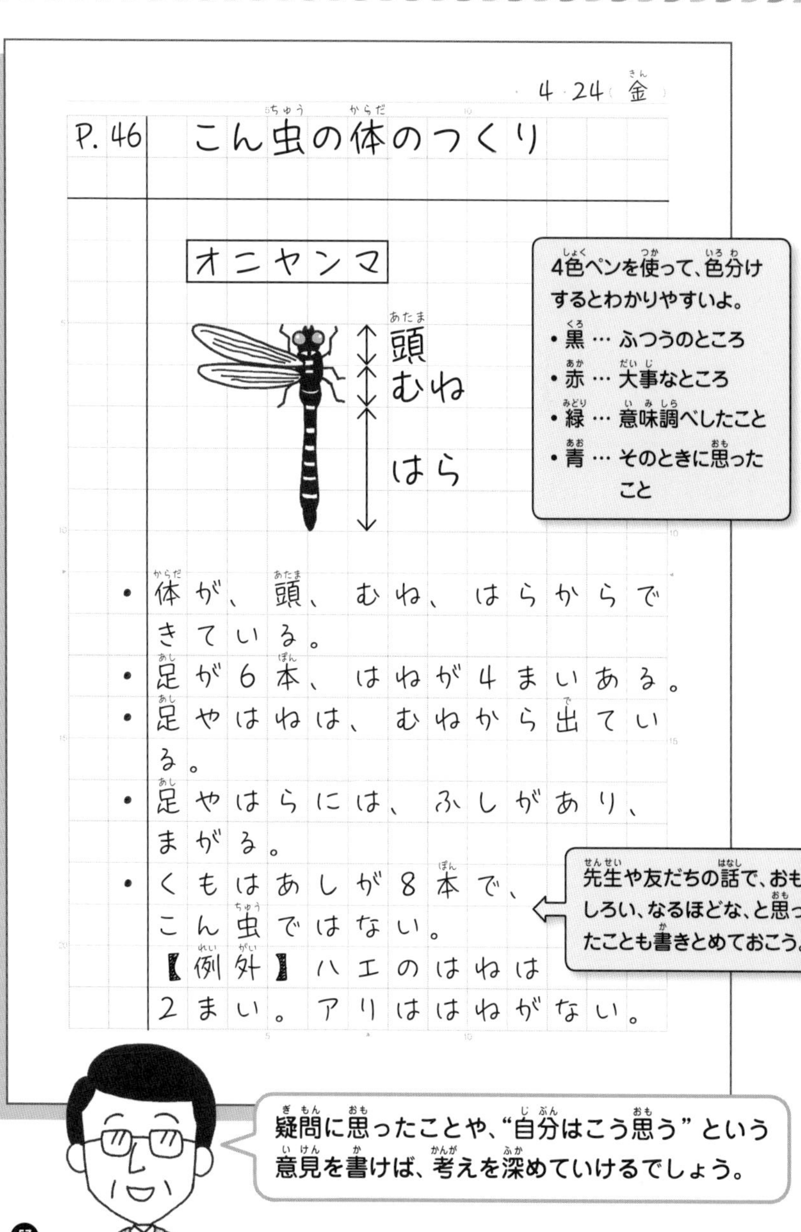
4・24（金）
P.46 こん虫の体のつくり
オニヤンマ
頭
むね
はら
4色ペンを使って、色分けするとわかりやすいよ。
・黒…ふつうのところ
・赤…大事なところ
・緑…意味調べしたこと
・青…そのときに思ったこと
・体が、頭、むね、はらからできている。
・足が6本、はねが4まいある。
・足やはねは、むねから出ている。
・足やはらには、ふしがあり、まがる。
・くもはあしが8本で、こん虫ではない。
【例外】ハエのはねは2まい。アリははねがない。
先生や友だちの話で、おもしろい、なるほどな、と思ったことも書きとめておこう。
疑問に思ったことや、“自分はこう思う”という意見を書けば、考えを深めていけるでしょう。

③宿題を味方につけよう
花輪クン きょうは 授業に集中するコツを教えてくれてありがとう
少しはお役に立てたかな？

実をいうと4番目のコツがハードル高くてさ

わからないことは質問しようっていうアレかい？さくらクンがそんなにはずかしがりやだとは知らなかったな
質問するのがはずかしいわけじゃなくてさ

わかったのかわかってないのかが自分でもわからないんだよ

？
？

宿題にはこんな効果があった！

❶わかったつもりで実はわかっていなかったことが発見できる

あれ？ とけないなぁ… 授業で聞いたときはわかった気がしたのに

さんすう

もう一度教科書とノートをよく読みなおしてみよう

❷くりかえしやることで、記おくが脳に定着する

❸家で勉強する習慣ができ、自分で調べたり考えたりする力が身につく

ガーン
そうか！宿題ってこんなに役に立つんだ
手ぬきやズルをして仕上げても意味がないんだね
手ぬき
へんだけ先に書いて、あとにつくりを書く
わからないからこたえ丸うつししちゃえ
こたえ
ズル
まるちゃんそんなことやってたの？
宿題をやる意味はわかったけどさ
どうしたら「めんどうくさいな〜」っていう気持ちがなくせると思う？
だったらこんなリストを作ってみるのはどうだい？
TO DOリスト？
TO DOリス
家に帰ってからねるまでにやることをすべて書きだしたリストさ

TO DOリストの作りかた

①宿題やお手伝いなど、やることをかんたんに書きだそう

やるべきこと	順位	チェック
漢字ドリル	1	
音読	2	
ふろそうじ	4	
あしたの準備	3	

②やりおえたことをチェックすると、達成感がえられるよ

漢字のドリルがおわった…っと

やること
順位
チェック
外遊び
3
算数の宿題
1
洗たくもの たたむ
4
リコーダー
2
すてき！ さっそく きょうから とりいれてみるわ！
わたしも

どうだい？ さくらクン

すごいよ！ もう これで 花輪クンや長山くん みたいになれる 気がしてきた

TO DOリストを 書くから もう帰るね みんな ありがとう！
えっ

ぴゅ〜〜っ
さくらクンって めんどうくさがりの わりに すぐ その気になるよね
そうかもね…

コラム 4
宿題が大切なワケ
人はわすれっぽい。だから宿題が必要なんだ!
脳の中の「海馬」という部分が情報をおぼえるかわすれるかを決めているよ
海馬の形はタツノオトシゴそっくり!
海馬くん
この情報は必要だぞ
おぼえておく
マンガ
マンガ
この情報はいらないや
わすれていく
ふあ〜
学校で習ったことをわすれちゃうのは海馬が「必要ない」と判断しちゃうからなのか…
帰ってから宿題をして同じ情報を何度も入れると海馬が「これは重要だ」と判断しておぼえてくれるのさ

宿題タイム計画表を作ろう！

午後	月	火	水	木	金
2:00	学校	学校	学校	学校	学校
			おやつ		
3:00					
	おやつ	おやつ	宿題	おやつ	おやつ
4:00	外遊び	外遊び		外遊び	外遊び
5:00	宿題	宿題	習いごと	宿題	宿題
6:00					
7:00	夕食	夕食	夕食	夕食	夕食
	おふろ	テレビ	おふろ	テレビ	おふろ
8:00	テレビ		テレビ		テレビ
		おふろ		おふろ	
9:00	ねる	ねる	ねる	ねる	ねる

コラム 5

バランスよい食事が脳にきく！

Ⓐ体を作る

たんぱく質

カルシウム

鉄分

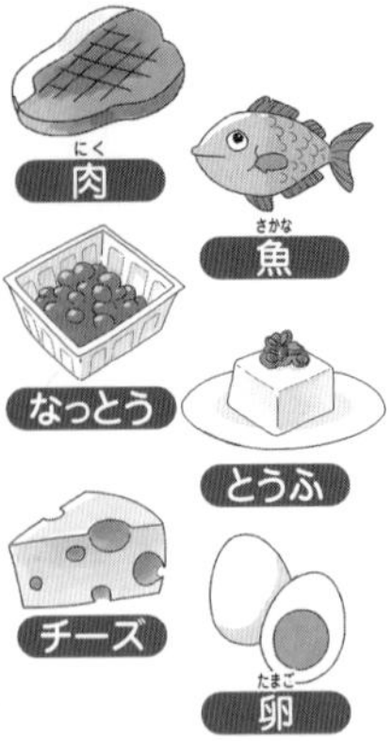

肉

魚

なっとう

とうふ

チーズ

卵

Ⓑエネルギー源になる

炭水化物

しぼう

ごはん

パン

めん類

いも類

サラダ油

マヨネーズ

Ⓒ体の調子をととのえる

ビタミン

ミネラル

食物せんい

にんじん

ほうれん草

海そう

きのこ類

みかん

りんご

Ⓐ・Ⓑ・Ⓒの栄養をバランスよくとるようにすると、やる気や集中力がアップするわよ。

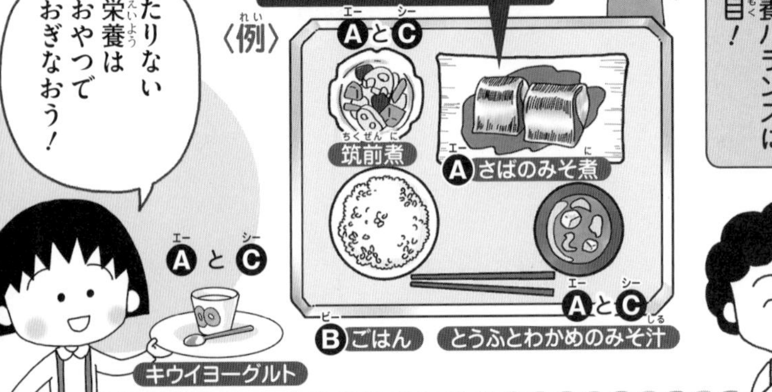

プラン③
教科別！勉強の楽しみかた

うん サッカーには試合と練習があって…

練習の方は地道で なかなか根気がいるっていってたよね

練習

あと5周！

試合に勝つためにがんばる！

ハァ ハァ

地道

根気がいる

試合

楽しい

おもしろい

あのあとに考えたんだ
練習そのものも
楽しくする方法って
ないかなって
なにか
見つかったの？
うん
走りこみの時にさ
赤い服の子を
見かけたら1点
でもカラスを見かけたら
得点がゼロになるって
自分だけのルールを
作ったんだ
0
+1
赤い服
1点ゲット！
ハッ
カラス！
せっかく
3点まで
たまってた
のに
カァ
きょうは2点かあ
それだけのこと
なんだけど
きつい走りこみが
なんだか楽しく
なったよ
へえ
なんでも
自分で工夫して
楽しくできるんだね！

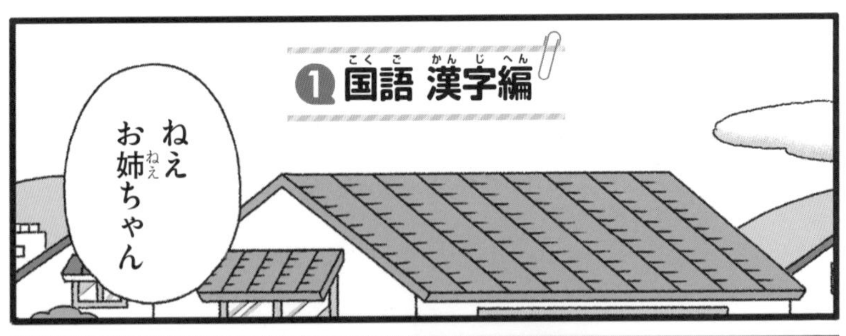

漢字を楽しく勉強する方法

①漢字のなりたちを知ると楽しいし、おぼえやすい。

②熟語はゲームで遊びながらおぼえよう。
（熟語…２字以上の漢字でできたことば）

漢字しりとり

熟語の最後の漢字で
しりとりをしてみよう！
（読みかたは変えてもいいよ）

〈例〉先生➡生活➡
➡活動➡動物➡
➡物語➡…

漢字クロスワード

□に入る共通の漢字をあてて、
４つの熟語を作ろう！

根
↑
小➡□➡外
↓
上

〈こたえ〉
屋（小屋、屋根、
屋外、屋上）

※漢字辞典の使いかたは、それぞれの辞典の最初の方に書いてあるよ。

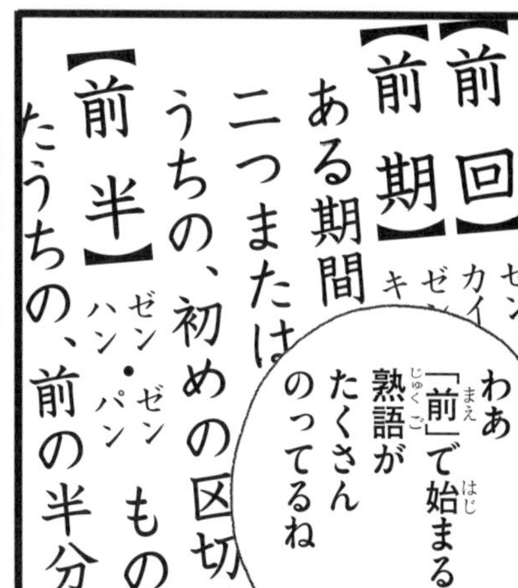

「ワード」はことば「バンク」は銀行という意味なの

ことばの貯金を書きとめるノートだよ

調べた熟語はこのノートに書いてどんどんためていこう

ことば　意味

へえ〜

ことば
意味
前回
この前のとき。
前半
始めのほうの半分。
そうそう
その調子

ことばの貯金がふえていったら漢字しりとりも辞書を見ないでできるようになるよ
そっかあ
これを続けたら…

まる子 ゆくゆくはことばの大金持ち
ことばの億万長者
ことばの大富豪にもなれるかなあ
あんた…お金にまつわる熟語ばっかりスラスラ出るね…

コラム 6

漢字クイズにちょうせん！

知れば知るほど漢字はおもしろい！

漢字のなりたちクイズ

漢字は大昔の中国の絵文字がもとになっているよ

次の絵文字がなんの漢字のもとなのかあててみて！

〈例〉 → 日

〈例〉 → 月

①  → □

ヒント 山にある大きな石を表す。

② → □

ヒント 門のかげから声がきこえる様子。

③ → □

ヒント ものをふたつにわける意味の「八」と「刀」を合わせた字。

④ → □

ヒント 人が頭に火のついたたいまつをのせている様子。

※『ちびまる子ちゃんの漢字辞典②』（集英社）より。

漢字クロスワードパズル

□に共通の漢字を入れてそれぞれ４つの熟語を完成させてね

①

方 ↓ □

発 → □ → 語

□ ↓ 動

②

新 ↓ □

工 → □ → 家

□ ↓ 物

こたえは次のページにあるよ。

②国語 表現編

ワードバンク
ノートかぁ
なんか かっこいいね

ねえ これ
ぼくも まねして
作っていいかな?

〈前ページのこたえ〉 漢字のなりたちクイズ ①岩 ②聞 ③分 ④光
漢字クロスワードパズル ①言 ②作

ワードバンクノートの作りかた

辞書の、調べたことばにふせんをはるとふせんがどんどんふえて楽しいよ！

調べたことばと読みかたを書こう

ことば

前回（ぜんかい）

鼻が高い（はながたかい）

慣用句も調べてみよう

ほこり

意味の説明にあることばも調べてみよう

意味

この前のとき。

調べた意味を書こう

得意である。ほこりに思う。

例 先生にほめられて鼻が高い。

むずかしいことばは例文も書こう

得意に思うこと。自まん。めいよ。

例 自分の仕事にほこりを持つ。

へぇー
鼻が高いって
じまんに思う
ことかぁ
ほかにも
いろいろ
書いてあるね
うん
辞書で調べた
〝ついで〟にね

いいね!

〝ついで〟に
調べることで
ことばの貯金が
どんどんふえる
んだね

そのとおりです!
日々の生活で
使われている
こんなことばも
貯金に加えて
いけるといいですね

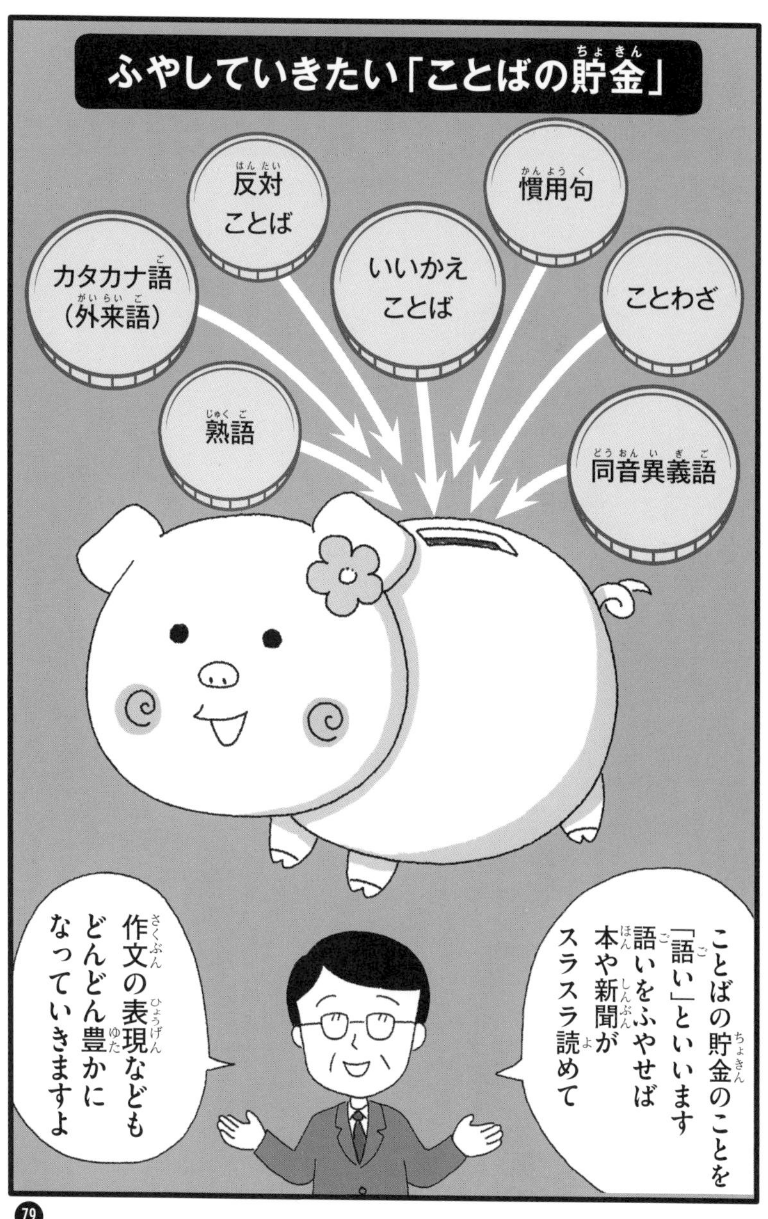
ふやしていきたい「ことばの貯金」
反対ことば
慣用句
カタカナ語（外来語）
いいかえことば
ことわざ
熟語
同音異義語
ことばの貯金のことを「語い」といいます
語いをふやせば本や新聞がスラスラ読めて
作文の表現などもどんどん豊かになっていきますよ

ことばの貯金はこんなふうにふやしていこう

詩や俳句などから

音読すると日本語の美しさ、楽しさがよく味わえるよ。

※江戸時代の俳人、松尾芭蕉の俳句。

本やテレビのセリフから

すてきなことばはノートに書きとめよう。

落語など日本の伝統芸能から

落語はことわざやおもしろいことばの宝庫だよ。

ぬまっちのツボ④

NGワード作文にちょうせん！

表現力をみがくとっておきの方法だよ

指令

「楽しい」「うれしい」をNGワード（使ってはいけないことば）にして遠足の作文を書け！

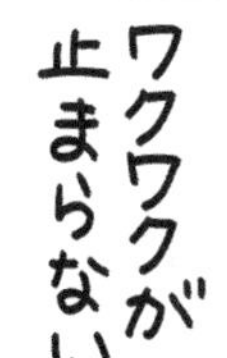

そのほかの指令

- 「おもしろい」「感動」をNGワードにして読書感想文を書け！
- 「がんばる」をNGワードにして運動会の作文を書け！

③ 算数編

テストもおわったばかりですし

きょうはゲームをして遊びましょう

ゲーム？

わあっ

やったぁ

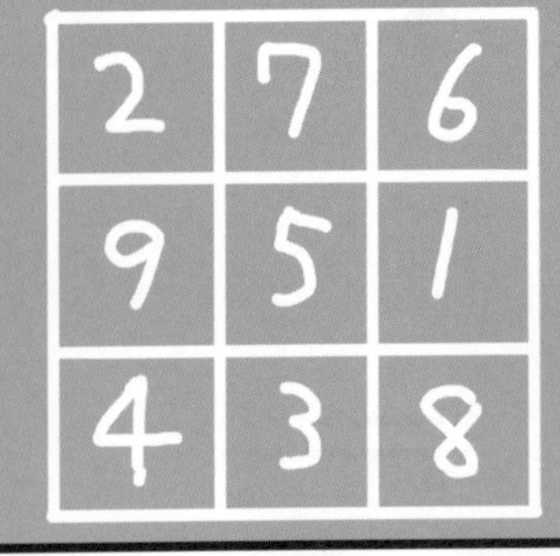

ではヒント
かこんだ部分に
注目してみましょう
たとえば
たて3つの
数字をたして
みると?
たて3つ…
えーと…
2 7 6
9 5 1
4 3 8

あっ
わかった!

あっ
では
いちばん 声が
大きかった
さくらさん
9 5 1
3 8

たて3つの
数字をたすと
どれも15に
なります
6+1+8=15
7+5+3=15
2+9+4=15

ななめ3つをたしても横3つをたしても15です
ホントだ
そっかー

そうです！きまりを見ぬくことができましたね！さくらさん
えへへ

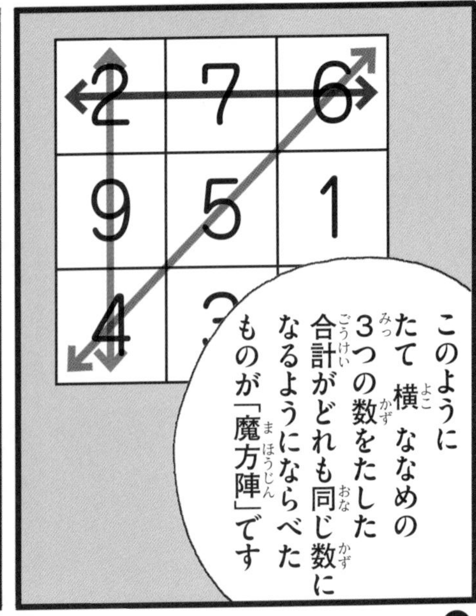
2 7 6
9 5 1
4 3
このようにたて 横 ななめの3つの数をたした合計がどれも同じ数になるようにならべたものが「魔方陣」です

きまりがわかったところでさっそく問題です

ちょうせんしてみよう!

□に１から９までの数をひとつずつあてはめて、たて、横、ななめの３つの数をたした合計がどれも15になるように、魔方陣を作ろう。

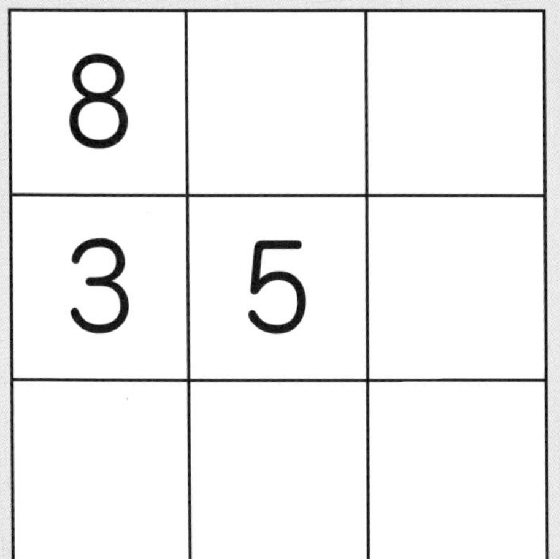

8		
3	5	

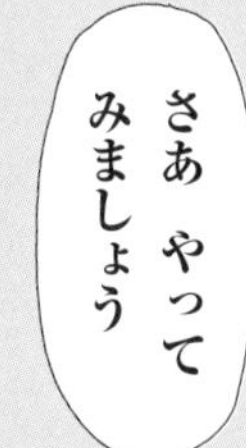

3つのうち 2つの数字がわかっている部分に注目してみてください

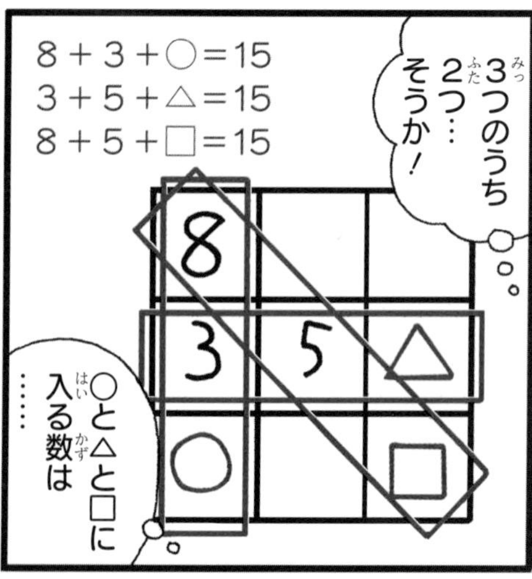
8＋3＋○＝15
3＋5＋△＝15
8＋5＋□＝15
3つのうち2つ…そうか！
○と△と□に入る数は……

とけた人は立ってくださいね
できました
ガタッ
ぼくも

できた！
えっ…みんな計算はやいね

同じ数字を2回使っているととけませんよ
あっいけね

できた！
わたしも
よっしゃ
みなさん
できましたか？

〈こたえ〉
は――――――――い！

8	1	6
3	5	7
4	9	2

さくらさん
算数のおもしろさをわかってもらえましたか？
はい
算数ってとけるとすごく気持ちがいいんだなって

算数がきらいという人は多いですが
実はとてもおもしろいものなんです

次の4つの力をつければ もっと楽しくなりますよ

算数に必要な４つの力

❶イメージ力

出された問題を絵や図にして考える。

〈問題〉木が6mおきに4本あります。はしからはしまで何mでしょうか。

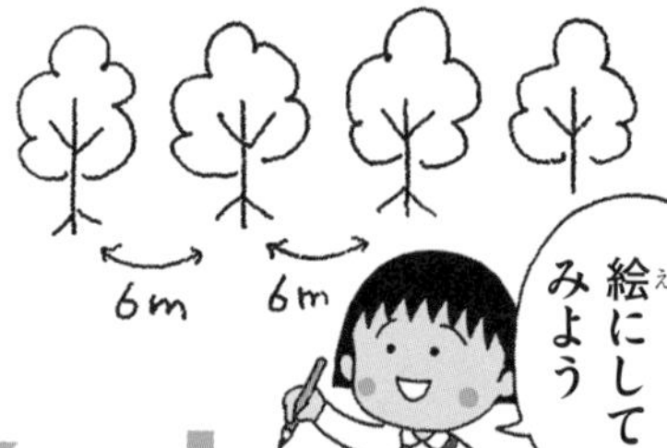

❷ひらめき力

どうやってとけばいいのかを見ぬく。

❸計算力

はやく正確に計算する。

6 × 3 ＝18

❹注意力

ミスや見落としに気づく。

6 × 3 ＝18

こたえ：18m

4つの力はこうすればみがける！

❶イメージ力

ふだんから文章を絵や図にイメージするクセをつけよう。

ピザ
$\frac{1}{4}$カット
200円

❷ひらめき力

魔方陣や数字ピラミッドなどのパズルを楽しもう。

例を参考に、法則を見ぬいて○に入る数を当てよう！

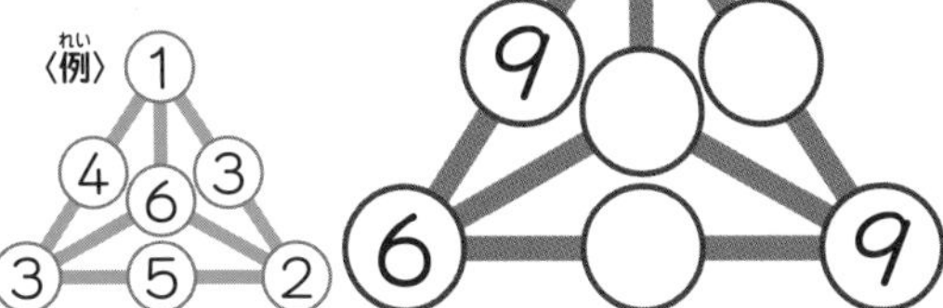

こたえ

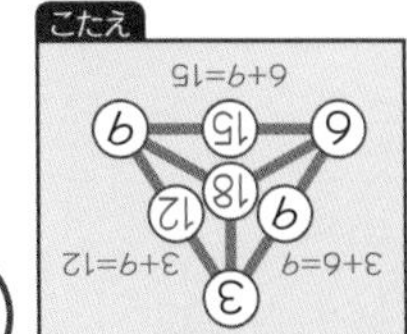

❸計算力

❹注意力

ふだんから見落としがないよう確認を心がけよう。

まちがいさがしなどできたえるのもいいね。

遊んでいるうちに算数が得意になっちゃうかもしれないなんてぐうたらなまる子にぴったりだね!

オレもっ!!

ブー!!

ぬまっちのツボ⑤ 計算ゲームで遊ぼう！

楽しんでいるうちに計算が得意になるよ！

81マス計算

+	3	1	4	9	8	5	7	2	6
8	11	9	12	17	…				
7									
6									
9									
1									
2									
5									
4									
3									

たてと横に1～9の数字をランダムに入れます。たての数字と横の数字でたし算やかけ算を時間をはかってやってみよう。やればやるほどタイムが短くなるよ！

きょうは2分を切ってお父さんに勝つぞ！

お父さんも脳トレだ

セブンイレブンじゃんけん

ふたり組になり、

というかけ声とともに両手の指で0～10の数字を作ります。

11

おたがいの数をたして7か11になったらハイタッチ！

なかなかできないから、7か11になったときはうれしさ満点！

④理科編

きょうの理科は
校庭の田んぼで
育てているイネの観察

1年生の夏休みは朝顔をからしたし
2年生の夏休みはヘチマをからしたし
ちゃんとお世話してたのかな…
めんどうくさがりでわすれっぽいまる子に観察はむいてない
だから観察ばっかりの理科もむいてない気がするよ
もったいないなあ
え?
長山くん
理科のおもしろさに気づいてないなんてもったいないないよ
そ…そんなに理科っておもしろい?

もちろん
だって自然の中の
ほんの小さな
「なぜ?」をきっかけに
知りたいことが
無限に広がって
いくんだから

無限に?

さっきのイネの観察で
「不思議だな」「なぜだろう?」
って思ったこと
なにかない?
うーん
もともとイネには
そんなに思い入れが
ないからねえ
なかったら
感想でもいいよ

感想…
そうだねえ
イネの花って
すごく地味
だよね
そうだね
人間と同じで
きれいで目立つ花も
あれば
花の世界も
せちがらいねえ
って
そうじゃない
のもある
まるちゃん
本当に小学3年生…？
えっと…
じゃあ それを
こんな疑問に
変えてみるよ
なぜ 目立つ花と
目立たない花が
あるのか？
どうしてイネは
チューリップに
くらべて
色も においも
目立たないのか？
へえ
なにか理由が
あるってこと？

図書室

風媒花
虫媒花
鳥媒花？

種を作るのを
虫や鳥に手伝って
もらう花と
風に手伝って
もらう花とが
あるんだ
イネは風に
手伝ってもらう
「風媒花」だよ

花の色や　においは
虫をひきつけるため
だったんだね
イネみたいな
「風媒花」が地味なのは
虫をひきつける必要が
ないってことなんだ

植物ってとてもかしこいと思わない？
本当に不思議だねえ　この図鑑かりていこうかな

うん　それおもしろいよ

地味だけどかわいいイネの花はやくさかないかなあ

観察するのが楽しみになったね
うん

きみもきょうから理科が大好きに!

❶毎日の生活の中でふと感じたことを「なぜ?」から始まる疑問形にしてみよう。

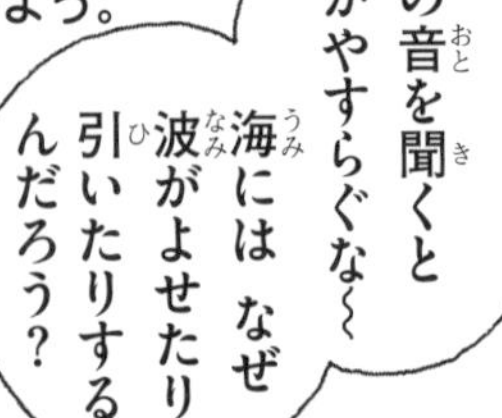

❷その疑問を図鑑などで調べてみよう。

引力ってなんだろう?

へえ〜潮の満ち引きには月の引力が関係してるんだ

波はなぜ、よせたり引いたりするの?

▼

月の引力が関係している

▼

引力ってなに?

▼

ものとものとが、たがいに引きあう力

▼

引力がないと、どうなる?

▼

こんなふうに小さな「なぜ?」をきっかけに知りたいことが広がっていくよ

❸科学館、動物園、水族館は「なぜ?」がたくさんしげきされる場所。ぜひ行ってみよう。

こういう生き物が存在する理由ってなんだろう

なんだろうね…

❹大迫力の写真がたくさんのっている、ながめるだけで楽しい図鑑もいろいろあるよ!

『博学王 13½のビックリ大図鑑』(集英社)

ぬまっちのツボ⑥ 自由研究ってどうやるの？

①テーマを決めよう〈課題〉

【理由】
朝なかなか起きられないので、どうしたら起きられるのかを調べたい

自分が感じた身近な疑問をテーマにしよう。どうしてこのテーマをえらんだのかを書くと、説得力が高まるよ。

②予想しよう〈仮説〉

【予想①】
めざまし時計をたくさんかける

【予想②】
起きたらすぐに太陽の光をあびる

【予想】
さっとめざめるのはどの方法？

予想は当たっても外れてもいいんだ。まずは自分なりに考えてみることが大事！なぜそう考えたのか、理由までハッキリさせておこう。

③調べよう〈観察・実験・調査〉

〈実験シート〉

日付	実験内容	結果
8/1	めざまし時計をふたつ使う	時計がなってもなかなか起きられなかった
8/2	お母さんにくすぐってもらう	
8/3	カーテンを開けてもらい日光をあびる	

予想が当たっているかどうか、たしかめてみよう。テーマによって、観察したり、実験したり、調査したりするよ。集めたデータはしっかりメモしておこう。

④結果をもとに考えよう〈考察〉

②の予想と③の結果を見くらべて、なぜこのような結果になったのか、この結果からなにがわかるかを考えてみよう。結果が予想とちがっていたら、なぜそうなったのかを書くだけでもりっぱな考察になるよ。

【考察】

音を大きくしても起きられなかったが、光をあびると気持ちよく目が覚めた。体内時計が関係しているのか？

⑤社会編

〈野菜が家にとどくまで〉
農家→運送業者→な
運送業者→スーパー
最近は……
〈野菜が家にとどくまで〉
農家→運送業者→なかおろ
運送業者→スーパー
なかおろし業者を通さず直接農家から仕入れるお店も出てきています
よく調べましたね…

花輪クンってなんであんなこと知ってるんだろう?
…うん先生もびっくりしてるね

放課後
……で

みんなして
ボクの話を
聞きに
来たのかい？

ズバリ〜
そうでーーす!!
ずらーー

花輪クンが
世の中のしくみに
くわしい理由を
知りたくてさ
きょうは理由を
つきとめるまでは
帰らないつもりです！
花輪クンのひみつ
わたしも知りたいわ！
………

こまったなあ
知識はテレビや
新聞を見るうちに
自然に身についたとしか
いいようがないからね
ぼっちゃま

せっかくみなさまが
こうして足を
運んでくださった
のですから
もう少しくわしく
教えてさしあげたら
いかがでしょうか

ここが ぼっちゃまが
テレビを見たり
新聞を読んだりなさる
場所でございます

みなさん!
はい

ガラガラガラ

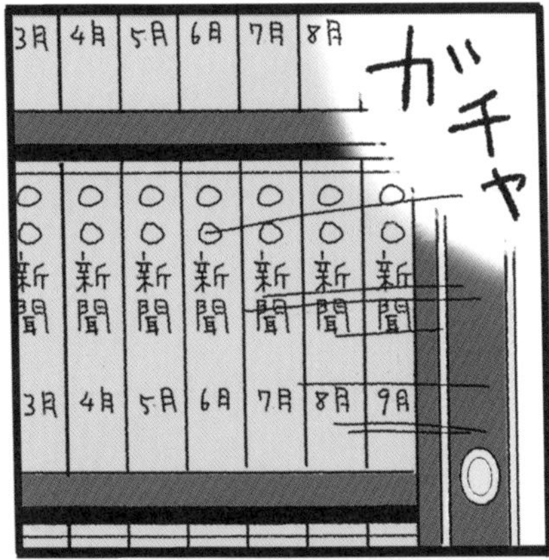
ガチャ
3月 4月 5月 6月 7月 8月
○○新聞 ○○新聞 ○○新聞 ○○新聞 ○○新聞 ○○新聞 ○○新聞
3月 4月 5月 6月 7月 8月 9月

ザッ

日本
わっ

す…
すごすぎる…
ぼっちゃまは幼少のみぎりよりテレビでどこかの地名が出ると
必ず地図や地球儀で場所を確認していらっしゃいました
淡路島では
ヒデじいあわじしまってどこ？

おかげで 今ではシェフとも産地について ふつうに会話ができるほどに
玉ねぎのファルシでございます
玉ねぎは淡路島産かい？それとも北海道？
ファルシ？調べてみよう…

あとは こうして気になった新聞記事の切りぬきをしているくらいだよ

世界の子ども
②
世界の子ど
環境問題

ぼっちゃまが
今 特に関心を
持っている
テーマで
ございます

ぼくより小さいのに
紛争で家を失い
うえて 医者にも
かかれないまま
死んでいく
子どもたちがいる
世界の子ども

こうしている間にも
世界中の自然環境が
はかいされていく
なんにもできない
自分がはがゆいよ

花輪クン…

勉強することです

え？

地球というこの星をすべての生き物が幸せにくらしていける場所にするために
ぼっちゃまもみなさんも
いっしょうけんめい勉強してくださいね

そうだね
ヒデじいわかったよ

はい!!

どこに置こうかねえ
おっ なんだなんだ?
花輪クンのまねをするんですって
まね?

急にそんなにはりきらなくてもいいんじゃない？
……
よ…読めない漢字があるなら教えるぜ

まる子 歴史はこんなふうにまんがでも勉強できるんだよ
日本の歴史四
まんがで勉強？

そうじゃ まる子わかるものから一歩一歩じゃ
花輪クンのレベルには遠いけれど
まる子なりに第一歩をふみだしたのであった

ぬまっちのツボ⑦ 勝手に観光大使！

好きな都道府県の観光大使に勝手になって、そのよさをアピールしてみよう！

①好きな都道府県をえらぼう

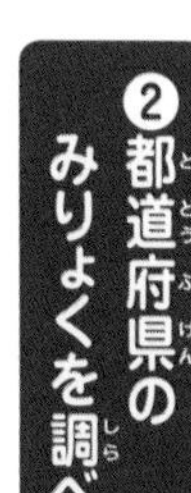

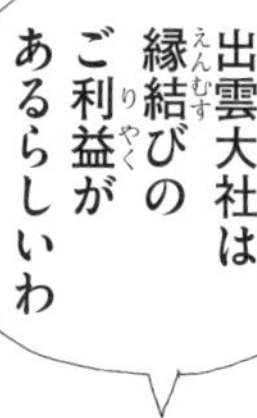

祭は？

特産物は？

観光地は？

②都道府県のみりょくを調べよう

③発表しよう

みんなで調べたことを発表しあえば、自然と都道府県についてくわしくなれるよ！

❻英語編

花輪クンの友人マークがアメリカからやってきた
Nice to meet you. ハジメマシテ！

文化交流のためお茶会にしょうたいされたまる子たち
ハ…ハーイ！

オー みんなボクが通訳をつとめるから もっとリラックスして

さあさあみなさん

まずは日本のお茶とおかしで一服してください
ありがとうございます
いただきまーす！
？
~~~~~~~~~~~~？
ああうんそうだよね
花輪クンどうしたの？
マークに今のことばはなにかって質問されたんだ
え？アメリカでは「いただきます」はいわないの？
うーん食べる前においのりをしたら
〝Let's eat〟(さあ食べよう)ということはあるけど……
~~~~~~~~~~~~

日本の「いただきます」
「ごちそうさま」にあたる
ことばは ないかもね

へえー
そうなんだ

「いただきます」にも
今から食べますって
合図の意味があるけど…

食事を用意して
くれた人への
お礼の気持ちも
入っているよね

Wonderful！

「いただきます」の
ひとことに
そんな深い意味が
こめられているなんて
すばらしい
そういう
すてきな日本語を
もっと教えてほしいって

わたしたちも 英語の
すてきなことばを
いろいろ知りたいよ

英語は今のイギリスで生まれたといわれているよ
イギリス人が移住したアメリカ合衆国がイギリスとともに世界で大きな力を持つようになったことから
英語は世界中で使われるようになったんだ

海外では「くしゃみをしたら体からたましいがぬけてしまう」といわれているんだ
だから目の前でだれかがくしゃみをした時には…
Bless you.
(God bless you.)
っていうんだよ

ハックショーン
Bless you.
これは「神のご加護がありますように」っていうおまじないなんだ
"Bless you"と声をかけてもらったら…
Thank you.
※ちなみに英語でくしゃみの音を表すときはハクションではなく"achoo"だよ。

ことばにはその国の文化や習慣人びとの考えかたがよくあらわれていますね

世界中の人と友だちになって王さまやお姫さまとも知り合えたらいいな〜
王さまって…
なかよくなれるといいね

英語で話してみよう

かんたんな会話から
なかよくなれると
いいね♪

プラン4
めざせ！100点満点
100点

1 100点満点が
とりたい！

算数のテストが返ってきた
まるちゃんどうだった？わたしはちょっと…
わたしも…なんていったらいいか…

みなさん結果はどうでしたか？
できたに決まっています
全然ダメだったー
まあまあかな
いいなー

今回×が多かった人はラッキーだと思ってください
今の段階で今後の課題が発見できたということですからね

テストは なんのためにある?

❶テストは「見つける」ためにある

教わったけど よく
わかっていなかったこと
おぼえていなかった
ところは ここなんだ

❷テストは「活用する」ためにある

まちがえた
ところを
復習

わかった!
おぼえた!

テストは復習
するべきところを
見つけて活用する
ためにあるのね

さくらももこ
70
☆とける問題がふえてきましたね
この調子でがんばりましょう!
すごい! 先生ほめてるよ
これまでがひどすぎただけだよ

だけど 最近は前よりがんばってるし
ほんというともうちょっといい点がとれると思ってたんだよね
そっかあ まるちゃんとしては満足できない結果だったわけだね
はあ

ところが…

あらあ
がんばったじゃない!

え？
まる子が70点？
すごい
すごい！
まる子のすごいは
こんなもんじゃ
ないよ！
ぷいっ
え？
どうしたの
かしら
丸尾くん！

なにがなんでも100点満点をとりたいと思ってさ
まるちゃん！わたしもいっしょに100点をとりたいよ
ワタクシのところへ来られても

だって

ジャーン
丸尾のまは満点のま！
丸尾末男
次の学級委員も丸尾におまかせ！

丸尾くんは満点に対するこだわりがいちばん強そうだからね

それはズバリ
満点をとることで

学力

目標をたててやりぬく力

見落としに気づく注意力

100

集中力

学力のほかにもさまざまな面ですぐれているとみなされ信頼の度合いがアップするからです！

② 満点大作戦 ～準備編～

そもそも テストには次の2通りがあります

①日にちや範囲のお知らせがなく、突然行われるテスト

ありのままの学力をはかるものなので、授業や宿題など、ふだんの積み重ねが大事。

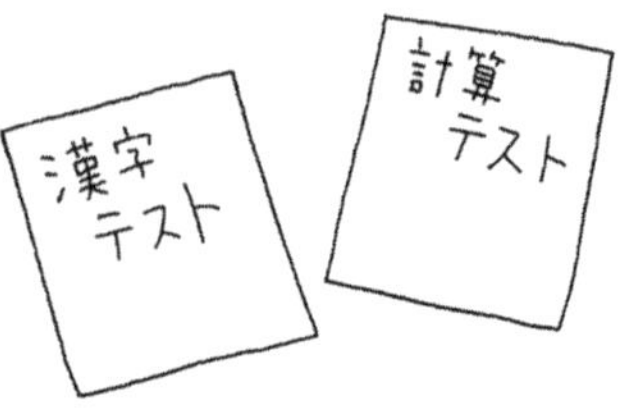

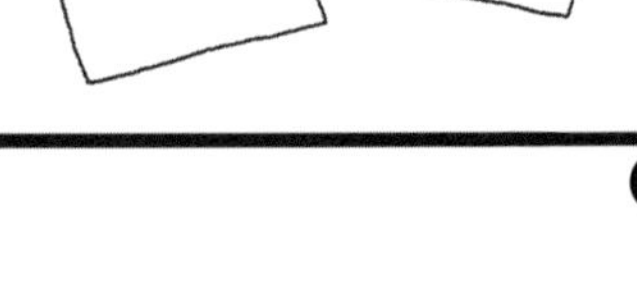

②日にちや範囲が知らされたうえで行われるテスト

テストのお知らせが
あったとき
さくらさんは これまで
どのような行動を
とっていましたか？

点数が悪かった
ときは…
ただいまー
あれ？ なんか
テストがあるって
聞いたような
気がするけど
なんだったっけ？
ま
いーや
りぼん

ま…まあ
これまでのことは
おいといて
正解はこうでしょ？

テストのお知らせがあったら

①ノートや連絡帳に、テストが行われる日と範囲をメモする。

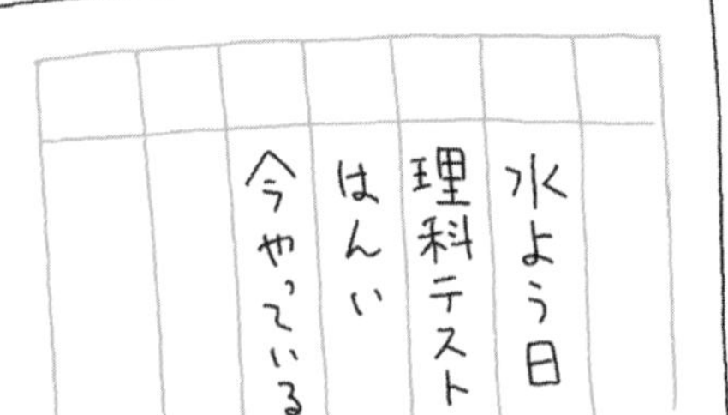

②テスト勉強の予定を立て、TO DOリストに書きだす。

TO DOリスト

理科のテスト勉強

P12〜17

きほん的にはそれでいいのですがさらに ひと工夫

テスト勉強、こうすればもっと頭に入るでしょう！

丸尾

1 教科書は音読しよう。

2 ノートは先生の話を思い出しながら読み直そう。

色ペンで大切なところに印をつけながら見直そう。

3 重要なことばや漢字は、紙に書いておぼえよう。

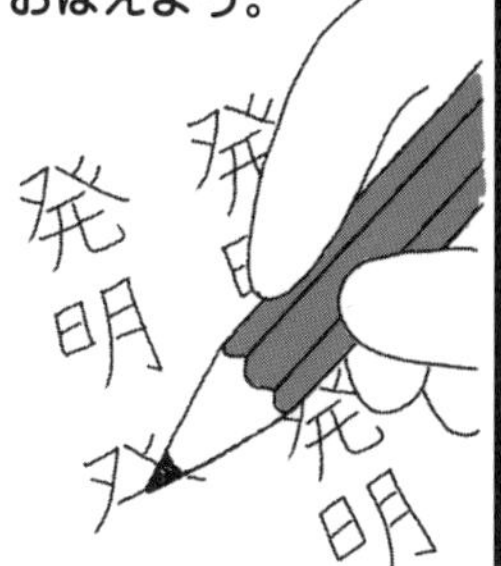

手を使うと記おくに残りやすいよ。

4 教科書にのっている問題をといてみよう。

こたえはノートに書く。

まちがえた問題に×をつけ、教科書を読み直す。

2回目はまちがえた問題だけをとこう。

×がなくなるまでくりかえそう！

テストの作りかた

教科書に書かれていることで大事だと思うものが頭に入るように考えてみよう。

あなうめ式

〈理科〉 ①こん虫の成虫の体は＿＿＿、＿＿＿、＿＿＿からできていて、＿＿＿に足が＿＿本ある。

丸がこみ式

〈社会〉 ②多くの地図は、（**東・西・南・北**）を上にしてかかれている。

書きこみ式

〈国語〉 ③ ビョウキ になって イシャ をよぶ。

□□　□□

〈こたえ〉①頭、むね、はら、むね、6　②北　③病気、医者

できあがったテストを友だちと交かんして問題を出しあうといっそう効果的です
こうすることでテストに出そうな用語や漢字が確実に頭に入ります

そっかあ問題を作るときとときとき2回くりかえすことになるもんね

まるちゃんあさっての理科のテストのあなうめ問題作ってときあいっこしてみない?
うんやろう!

……自分で作ったんだけどこたえなんだっけ………
自分で作った問題がむずかしくてとけないまる子であった……

おもしろ暗記法

おもしろいことは記おくに残りやすいよ…くくく…

漢字を文にしてみる

鼻

「自分を指さすときは鼻をさす」とおぼえれば「自」の部分を「白」とまちがえないよ

くくっ

親

木の上に立って子どもを見守るのが親さ

あぶないよ……

数字は語呂あわせで

富士山みたいに3776

（富士山の標高は3776m）

1582の本能寺

（1582年に本能寺の変がおこり織田信長がおそわれる）

こりゃ絶対にわすれないよ…

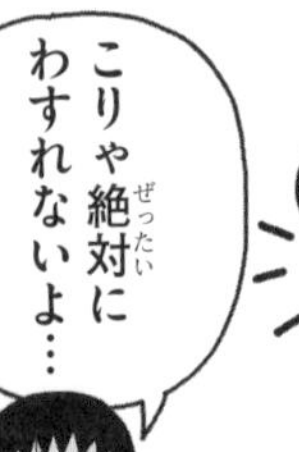

これがテスト本番のポイントです！

丸尾

1 文房具は前の日までに準備しておこう。

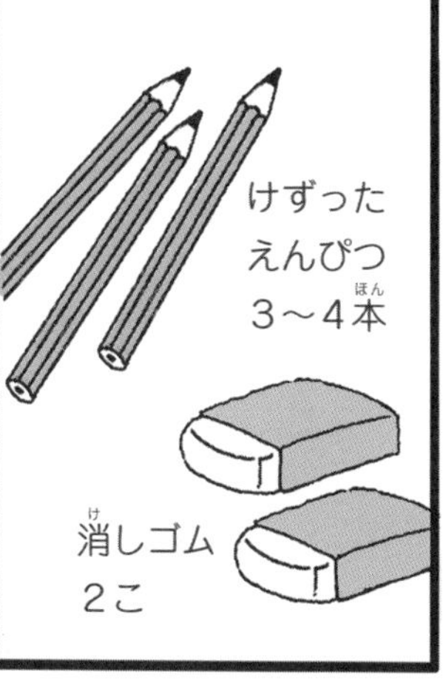

けずった えんぴつ 3～4本

消しゴム 2こ

2 名前を書いたら、問題文をざっと最後まで見わたそう。

むずかしそうな問題は
あと回しにして
とけそうな問題から
とくのがかんじんです

とけないものに
手こずっていると
ほかの問題をとく
時間がなくなって
しまいます

3 集中して問題にむかい、全部ときおわったら、見直しをしよう。

◎名前は書いた？

名前	

◎聞かれていることとこたえは合っている？

◎算数は、単位がついているか確認しよう。
時間があれば、たしかめ算や、
とき直しをしよう。

◎漢字は、送りがなにも注意しよう。

○ 短い
× 短かい

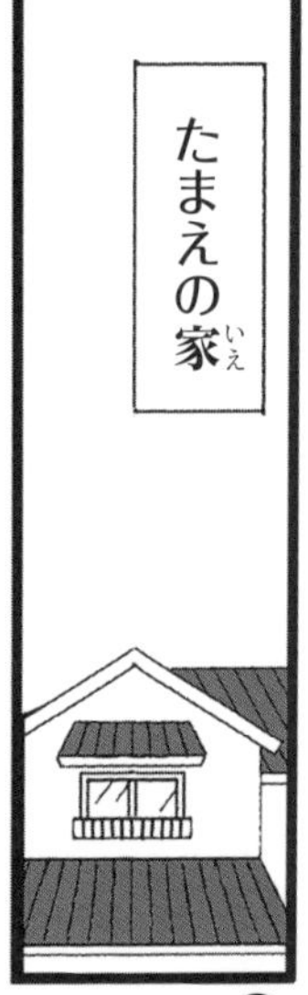

Ⓐさっぱりわからなくて×だった

Ⓑわかっていたつもりだったのに×だった

❶時間がたりなくてとけなかった＝集中力がたりない

ふだんからタイマーで時間制限をもうけるなど、
集中してとく練習をしよう。

❷おぼえたつもりでおぼえていなかった

||

おぼえる工夫、練習量がたりない

おぼえるための工夫をしてみよう。

シートを重ねると
見えなくなるペンなどを
使っておぼえるのもいいね。

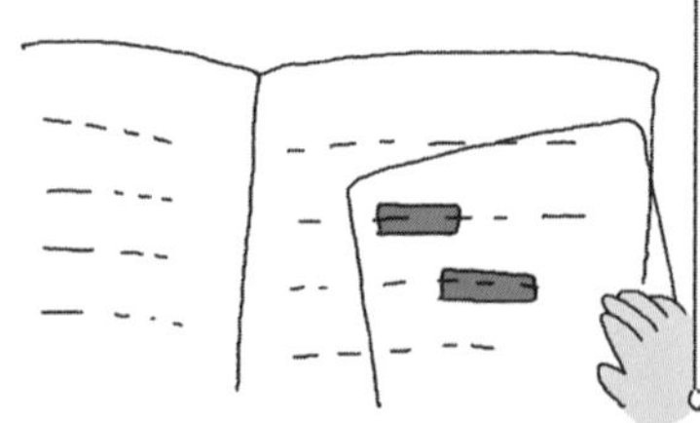

算数はドリルなど
たくさんの問題にあたって
ときかたになれよう。

❸聞かれたこととちがうことをこたえた、自分の字がきたなくて読みまちがえた

注意力がたりない

**ふだんから「おちついて、
ていねいに」を心がけよう。
なにかをしたあとは
確認するクセをつけよう。**

わたしは②の「練習量がたりない」が原因で 記おくがあいまいだったみたい
まる子は全部あてはまるけど③の「注意力がたりない」がやっぱり多いね
こたえ
20
単位!

弱点に気づくのも満点をとるために大切なことです
ぜひ それにむけた対策を
はい!

そして ついに…
きょうは この前の算数のテストを返します

さくらさん本当によくがんばりました！
えっ

さくら ももこ
100

あ…

やったやったやったぁ！
まるちゃん！わたしもだよ！

これでワタクシの役目はおしまいです
さくらさんもほなみさんもよくがんばりました

丸尾くんには本当に感謝だよ ああ見えてとっても親切だって みんなにせんでんするよ
「ああ見えて」はズバリよけいでしょう

苦手な算数で満点!
きっと みんなびっくりするよ

お母さんこれ!
この前のテスト

さくら ももこ
100

はい
よくがんばったね

えーっ
それだけ？

もうちょっと
なんかないの？
だってお母さんの
中では まる子は
もうとっくに
100点満点を
とってたもの

え…？

そうだよね
あのめんどう
くさがりやの
まる子が 自分から
やる気を出してさ

お友だちにたずねたり
自分でやりかたを
工夫したり
とちゅうであきらめず
目標にむかって
がんばって…

うん
まる子さぁ
勉強するのが
全然いやじゃ
なかった
楽しかったよ

問題はこれが続けられるかってことよね
ヒソヒソ
まあね
今夜は酒がしみるねぇ
まる子もお茶がしみるねぇ
まる子よ今後のけんとうをいのる

ぬまっちのツボ⑧

PDCAサイクル

Plan Do Check Action

Plan＝計画　Do＝実行　Check＝ふりかえり　Action＝改善

計画（Plan）

実行（Do）

ふりかえり（Check）

改善（Action）

計画・実行したあとにふりかえりをしないと、同じところをグルグルするだけで改善していけないね。

がんばるぞー

実行(Do)

またミスしちゃった…

ふりかえるのはつらいときもあるけれど、失敗の理由をしっかり見つめ直せば、きっと目標を達成できるよ!

①ひとつめの目標
(P→D→C→A)

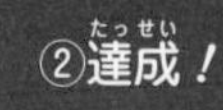

やったー

③自信・やる気

キラ キラ

つぎはなにを目標にしようかな

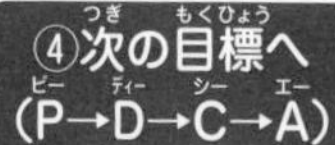

漢字テストで

満点めざそう

書きこみ式

PDCAシート

達成したい計画を書いて実行したら、ふりかえり、改善点を書きだそう!

計画(Plan)

達成したい計画を書こう。

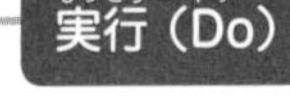

改善(Action)

どうしたらもっとうまくいくか、改善方法を考えて書こう。

実行(Do)

達成するために行うことを具体的に書きだそう。

ふりかえり(Check)

反省点、気がついたことを書こう。

プラン5
勉強は一生の友だち

1 大人になっても勉強はつづく

うちのお父さんも
今 会社で勉強会を
やっているみたい
たまちゃんの
お父さんも？
最近仕事がふえて
おぼえることが
たくさんあるんだって
へえ
仕事と勉強の
両方をしなきゃ
ならないなんて
大人って
たいへんだねえ
あれ？
おじいちゃんと
佐々木のじいさんだ
さっきは
佐々木のじいさんに
なにを聞いてたの？

わしも佐々木のじいさんを
手伝って 町の木を
守ろうと思っての
木の病気について
たずねていたん
じゃよ

病気のしゅるいとか
病気になった木の
見わけかたとか
勉強しなきゃ
いけないことが
山ほどあって
のう

ふうん
たいへん
そうだね
たいへんじゃが
楽しいよ
え？

知らなかった
ことを知るのは
とても楽しい
そしてな…

これでまたひとつ自分が成長できた…と
そう思えるのがとてもうれしいんじゃ
そういう気持ちをなくさないかぎり
人は勉強を続けるんじゃよ
そっかあ勉強って…
この木は害虫に弱いんじゃな
そうです だから薬剤は…
講演会

教員研修会

安くておいしくて栄養のあるこんだては…

大人になってからもずっと続くんだ

コラム 9

好きこそものの上手なれ

好きなことは自分から努力するからうまくなるということわざだよ

きみの「好き！」はどんなこと？

自分の「好き！」から勉強を広げていこう！

「せんべい」
煎餅
おお――っ

カレーはっしょうの地のインドはここかあ

1000円
280円

280×4=1120円だから まるごと買うほうがトクだ！

②自分らしく勉強を楽しもう！

まちがいさがし 同じように見えるけど、まる子はこんなに変わった！

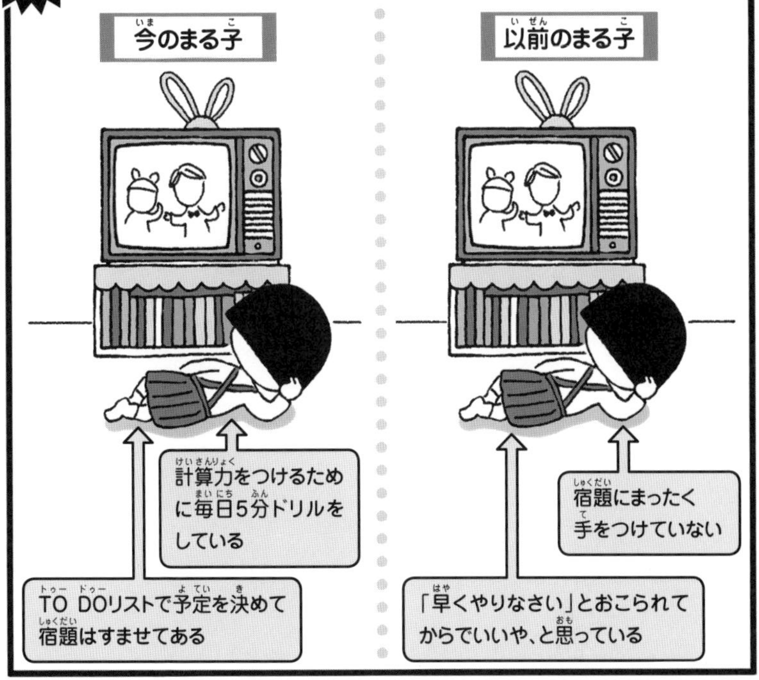

今のまる子	以前のまる子
計算力をつけるために毎日5分ドリルをしている	宿題にまったく手をつけていない
TO DOリストで予定を決めて宿題はすませてある	「早くやりなさい」とおこられてからでいいや、と思っている

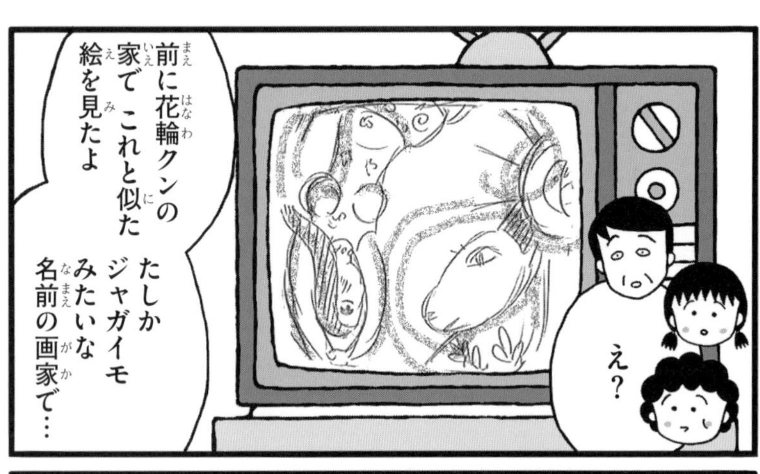
前に花輪クンの家で これと似た絵を見たよ
たしかジャガイモみたいな名前の画家で…
え？

ジャガイモじゃなくてシャガールだよ
えらく真剣に見とるなあ

シャガールって

人が飛んだり動物がひっくりかえってたり
本当におもしろい絵をかく人だねえ

なんとおそれおおい…

でも あのきれいな色づかいはどうしたらいいのかな

図書館に行けばジャガーイモの本があるかな…

まる子は
大丈夫じゃ

おばあちゃん
勉強のやりかたがもうわかってるし興味を持ったらとことん知ろうとする

そうじゃともなんにも心配いらんよ
まる子はまる子らしくやりたい勉強をすればいいんじゃよ

エジソン…アインシュタイン…

いうことがさまになってきたなあ…

好きなことなら勉強も楽しい

たしかにこれなら心配なさそうだな

へへへ

自分の「好き」を見つけてこれからも勉強を楽しもう!

——おわり——

小学生からのまんが勉強本 満点ゲットシリーズ

ちびまる子ちゃんの

続慣用句教室
もっと慣用句にくわしくなれる

慣用句教室
コラム慣用句新聞入り

続四字熟語教室
さらに四字熟語にくわしくなれる

四字熟語教室
コラム四字熟語新聞入り

続ことわざ教室
いろはカルタまんが入り

ことわざ教室
コラムことわざ新聞入り

敬語教室
コラム敬語新聞入り

語源教室
語源たんけんニュース入り

俳句教室
俳人の伝記まんが入り

読めるとたのしい難読漢字教室
難しい読み方や特別な読み方の漢字

似たもの漢字使い分け教室
同音異義語、反対語、類語など

暗誦百人一首
コラム暗誦新聞入り

古典教室
まんがで読む古典作品

短歌教室
短歌100首を解説

漢字辞典③
五、六年生向き

漢字辞典②
二～四年生向き

かん字じてん①
一、二年生向き

作文教室
中学入試にも対応

文法教室
文の基本をまんがで読む

春夏秋冬教室
季節のことばと行事を楽しむ

小学生英語 CD付き
授業にも役立つ英語入門

英語教室 CD付き
会話や歌で英語に親しもう

表現力をつけることば教室2
ことばの力をさらにつけよう!!

表現力をつけることば教室
長文読解、記述問題の対策にも

なぞなぞ 2年生
まるちゃんのなんでもノート入り

なぞなぞ 1年生
けんきゅうはっぴょう入り

なぞなぞ ようちえん
おやくだちべんきょうページ入り

分数・小数
分数と小数の計算の仕組みがたのしくわかる

かけ算わり算
かけ算九九から筆算まで

読書感想文教室
苦手な読書感想文が好きになれる

手作り教室
はじめてのお料理、おかし作り、工作、手芸など

めいろあそび
考える力がしぜんに身につく

まちがいさがし
よく見てくらべて集中力アップ

なぞなぞ 365日
1年で365このなぞなぞにチャレンジ!

なぞなぞ 3年生
まる子新聞ふろく入り

大好評発売中!!

こちら葛飾区亀有公園前派出所 両さんの

生物大達人
植物から、ほ乳類、昆虫、は虫類、両生類など

国のしくみ大達人
憲法から地方自治まで

恐竜大達人
恐竜を通して地球の歴史を学ぶ

天体大達人
太陽や月、春夏秋冬の星座など

地図大達人
地図の見方・作り方、地図記号など

昆虫大達人
昆虫の生態から飼い方まで

日本史大達人③
③江戸時代後期〜現代

日本史大達人②
②鎌倉〜江戸時代前期

日本史大達人①
①縄文〜平安時代

人体大探検
人体の構造や働きと命の尊さを学ぶ

気象大達人
天気がますますおもしろくなる

地球のしくみ大達人
地球のしくみがなんでもわかる

江戸大達人
江戸のくらしにタイムスリップ！

宇宙大達人
太陽系、天の川銀河、宇宙の歴史や構造など

産業と仕事大達人
産業と仕事を知れば社会のしくみが見えてくる

クイズ大達人
図形・科学・記憶・言葉ほか考える力をつける

地理大達人
都道府県を楽しく覚えよう

まんぷくかけ算わり算
みるみる算数の大達人に!

ちびまる子ちゃんのせいかつプラス

ラクラク勉強法
やる気のツボをおしちゃうぞ!

話しかたと発表
話しかたに自信がつく!

時間の使いかた
ダラダラ生活におさらば!

マナーとルール
友だちづき合いのコツもわかる

整理整とん
5ステップですっきり片づく

満点ゲットSPORTSシリーズ

キャプテン翼の必勝！サッカー
テクニックや戦術がわかる!

ちびまる子ちゃんの

四字熟語かるた
あそびながら四字熟語がまなべる

ことわざかるた
わかりやすいかいせつブック入り

ちびまる子ちゃんの

音読暗誦教室
齋藤孝 著

ホームページ「エスキッズランド」も見てね！ アドレスは http://kids.shueisha.co.jp/

店頭にない場合は、書店にご注文ください。

満点ゲットシリーズ せいかつプラス

ちびまる子ちゃんの ラクラク勉強法

2020年3月31日　第1刷発行

●キャラクター原作／さくらももこ
●監修／沼田晶弘
●ちびまる子ちゃんまんが・カット／さくらプロダクション、マスヤマフミコ
●カバー・表紙・総扉イラスト／小泉晃子
●シナリオ・コラム案／登坂恵里香
●カバー・表紙デザイン／曽根陽子
●本文デザイン／I.C.E（石江延勝、高村尚美、鈴木貴文）
●写植・製版／昭和ブライト写植部

発行人　北畠輝幸
発行所　株式会社 集英社
〒101-8050　東京都千代田区一ツ橋２丁目５番地10号
電話　【編集部】03-3230-6024
【読者係】03-3230-6080
【販売部】03-3230-6393（書店専用）

印刷・製本所　大日本印刷株式会社

ISBN 978-4-08-314073-0　C8337